40岁，开始学做教育

万玮 著

中国人民大学出版社

· 北京 ·

图书在版编目（CIP）数据

40岁，开始学做教育 / 万玮著. —北京：中国人
民大学出版社，2016.9
ISBN 978-7-300-23598-1

Ⅰ.①4… Ⅱ.①万… ②吴… Ⅲ.①中小学教育—教育研究
—问题解答 Ⅳ.① G632.0-44

中国版本图书馆CIP数据核字（2016）第 271044 号

40 岁，开始学做教育

万 玮 著

40 Sui, Kaishi Xue Zuo Jiaoyu

出版发行	中国人民大学出版社				
社 址	北京中关村大街31号		**邮政编码**	100080	
电 话	010－62511242（总编室）		010－62511770（质管部）		
	010－82501766（邮购部）		010－62514148（门市部）		
	010－62515195（发行公司）		010－62515275（盗版举报）		
网 址	http://www.crup.com.cn				
	http://www.ttrnet.com（人大教研网）				
经 销	新华书店				
印 刷	北京华宇信诺印刷有限公司				
规 格	168 mm × 239 mm 16 开本		**版 次**	2016 年 12 月第 1 版	
印 张	14.5 插页1		**印 次**	2020 年 7 月第 4 次印刷	
字 数	200 000		**定 价**	39.80 元	

▌CONTENTS▪ 目 录

自序

一

朋友田玉从北京来上海考察双语学校，有人推荐了平和双语学校，于是我们有缘见面，有了一个下午的聊天。

说是朋友田玉，其实我们是第一次见面。有一个词叫一见如故，就是形容我对田玉的感觉。我们交谈了几个小时，却像是认识了很多年。

田玉的年龄与我相仿，对教育的看法却比我深刻许多。他的许多观点让我警醒，例如，中国教育如同笼罩着多日不散的雾霾一般，中国没有真正意义上的教育家等。他认为教育家其实也分几种，包括教育理论家、教育实践家、教育批评家、教育改革家等。今天我们知道的很多人不过是教育实践家或者教育改革家而已，而中国教育最缺乏的是本土教育理论。

见我有些悲观，田玉鼓励我说："你刚过四十岁，对于教育者来说，刚刚入门。"

我有些怀疑，等着他的解释。

田玉说："不同的行业取得成功的时间不同，在体育界，如体操、跳水，如果你十几岁还不出成绩，基本上就得退役了；如果是在娱乐圈，二十多岁正是红的时候；若是自主创业，三十多岁事业应当迈入正轨；要是做教育，四十岁你可能刚摸着门道。"

有些人你认识很长时间了，却记不清他说过的哪怕一句话；另一个人只跟你说了一些忠告，你却能记得一生，这还不是真正的朋友？

也许有人不理解，为什么对教育者而言，四十岁才是出发点。我的理解正如孔子所说："四十不惑。"所谓"不惑"，并不是没有困惑，而是不再困惑。"惑"字的结构很能说明问题，上面是一个"或"，下面是一个"心"，因为这个世界有太多的或然，因此内心感到困惑。什么时候不再困惑？就是从内心知道自己的选择，不会被外部的纷纷扰扰所左右时。而对选择所带来的可能性，也能够坦然接受，不后悔。

并不是人到了四十岁就会自然不惑，有些人一直到生命的尽头，还是很糊涂。孔子云："知者不惑。"知者，也就是智者。只有将四十年的人生经验转化成智慧，才会不惑。而在今天这个浮躁的社会里，我们与古人的智慧相差太远。因此，四十岁只是远远地看到了不惑的轮廓，离真正的不惑还相距甚远。

二

古希腊奥林匹斯山上的德尔斐神庙里有一座石碑，上面刻着一句传颂千年的话："认识你自己。"智者不惑，并不是向外的对自然世界的不惑，而是向内的对自己的不惑。古往今来的哲学，多数探索的还是对自己的认识。

认识自己的梦想。不是指小时候那种无知的梦想，而是这一生为之奉献的理想。四十岁的人，通常都有稳定的职业，有不错的事业根基，有温暖的家庭，但也很容易陷入物质享受。此时，要充实梦想，追问自己："这一生，究竟想要什么？"此时的梦想弥足珍贵。

认识自己的缺点。知道这个世界不完美，知道自己不是无所不能，知道自己的长处，更知道自己的短处。承认自己的不足需要勇气，更需要智慧。因此，才有所为有所不为。

认识自己的无知。苏格拉底曾说："我唯一知道的，就是自己什么都不知道。"苏格拉底认为，自然的本质是善，认识人性中的善，是我们一生的终极目标，因而德性即知识，从怀疑自己的知识开始的自我认识是美德的来源。认识到自己的无知，才不会无知者无畏，才会对所从事的事业有一种战战兢兢、如履薄冰的感觉。

认识幸福的本原。幸福的本原不是物质享受，不是获取名利，而是自我实现、自我超越。有梦想并为之付出，已经幸福了一大半，如果在此过程中对自己有了更深的认识，并能够超越自己看待他人，胸怀世界，那才是最幸福的状态。

认识世界的简单。透过现象看本质，这个世界并非表面看到的那样复杂，万法归一，一就是道。对世界的理解，每个人都有自己的表达与演绎，但说到底，讲的就是那几个道理，只不过每个人的故事不同罢了。

三

著名音乐人高晓松在进入不惑之年后，在接受采访时曾经说："四十不惑，不是四十岁你就不困惑了，而是到了四十，不明白的东西你就不打算弄明白了。"后来，他又进一步修正说："应该这么说吧，不是不困惑了，是不'困'了。惑还是有的，过去那些疑惑会困住你，现在呢，没有一个人会说他没有不明白的地方了，但它不会再困扰你。我觉得这个成长是很好的，我已经知道我能明白什么，什么是我再怎么着也不会明白的事情。那你能明白什么，你就用这个干什么就好了。"

四

这本书所选取的文章皆来自我在网易教育博客上发表的博文，时间跨度不大，自 2013 年 8 月至 2015 年 6 月，近两年。我是 1973 年 3 月生人，属牛，回望过去，刚过四十岁时很是努力了一段时间，几乎每周都会更新博客。因为平时工作繁忙，大多数文章皆在周末完成。有一段时间，每周末更新博客已经成了我的常规工作。当时，我一度同时为三家教育杂志写专栏，此书选取的文章有半数以上皆是任务驱动的产物。

我在进入不惑之年之后的两年所写的文章，可以分为六辑。第一辑"学校是什么地方"，阐述的是我对学校与教育的宏观思考；第二辑"教育的不同"，主要是我对教育管理的一些体会；第三辑"禅意班主任"，聚焦于班主任工作；第四辑"学校教育的核心"，记录的是我在平和双语学校日常管理工作中的感悟；第五辑"认识自己"，关乎自我修炼与心灵成长；第六辑"教师的影响力"，则是一些与教育有关的生活随笔。

五

回望过去，我常常有醒悟的感觉。如同陶渊明所说："悟已往之不谏，知来者之可追。实迷途其未远，觉今是而昨非。"我认识的一位班主任，每一次重新带一个班级，都会颠覆以往的带班方式，这并不是刻意求新求变，而是觉得以往那一系列为她带来荣誉的做法是有问题的，是需要反省的。这样的反思与颠覆，就如同蛇成长过程中的蜕皮一样，虽然很痛苦，但却是成熟的智者必经的途径。

整理这本书的过程其实很愉悦。我又一次感受到了自己的成长。我想起绞尽脑汁撰写专栏文章的那些周末，再次重读，内心依然有充盈的感觉。

佛说，借来的火点不亮自己的心灯。点亮自己的心灯需要悟。悟需要积累、酝酿、融合以及沉淀。人生自四十岁始，作为教育者，我才刚上路呢。

万　玮

2016 年 5 月

第一辑　学校是什么地方

学习就是验证猜想的过程

几百万年前，在一个原始森林里，一棵大树轰然倒地。请问，有响声吗？

我在做培训的时候，曾经问老师们这个问题，听到的常常是有些犹豫的回答：应该有吧，轰然倒地怎么会没有响声呢？

我向他们解释：几百万年前还没有人类，因此，响声是不存在的。声音的本质是波，人类因为有耳朵才能听得到响声，如果没有人，又怎么会有响声呢？

如果时间宽裕，我常常会让老师们提问题。有时候大家很踊跃，另一些时候则惜言如金。为了打破冷场的局面，我就会问他们大树轰然倒地有没有声响的问题。我说，自从开始工作起，我们一定开过很多次会，听过很多次报告，可是有多少次会议和听讲是有价值的？有多少内容会被我们记住？如果每次参加培训都能明白一个道理，那我们的成长将会十分显著。然而，事实并非如此。听课有没有收获，与大树倒地有没有声响，道理其实是相同的，关键都在于人。就好像万籁俱寂的夜里，我们听不见任何响声，就以为这世界寂静一片，其实根本不是这样。空气里充斥着各种声波，只不过这些声波的频率不在我们耳朵的接收范围之内，我们听不到而已。在级别低一点的动物看来，这个世界热闹得很呢！同样，听课也好，读书也好，其关键在于那些听到的、看到的内容是否和我们的大脑产生了联结。这个世界充斥着各种知识，只有与我们的大脑产生了联结，它们才会生出意义。

因此，带着问题来听课是最好的学习态度，也是最有可能取得收获的学习模式。我自己便有这样的体会。有时候听别人说一件事，说者无心，听者有意，别人说的这件事正触动了我心里的一个机关，我或者豁然开朗，或者心神不宁。而其他人听到这句话，可能一点儿感觉都没有，听过也就听过，一段时间之后，这句话就好像没有听过一样。

在我看来，学习的本质不是被动的灌输，而是主动的探索。今天教师在学习中出现的问题，在学生的学习过程中同样存在。只不过，我们可以强迫学生去学习，即便长期效果不佳，短期总还是有效果。但教师学习，又得靠什么方式去强迫呢？

达尔文曾经说过一句很有分量的话："我所学到的任何有价值的知识都是由自学中得来的。"这些年来，我越想越觉得这句话有道理。以至于我得出一个结论——学习的本质，就是不断验证自己猜想的过程。

难道不是吗？没有人可以教会别人任何东西，也没有人可以从别人那里学会任何东西。如果那些东西是有价值的，那么它一定已经和那个人产生了联结，他们是一体的。如果你只看到了知识本身而忽略了联结，那么，它对那个与之产生联结的人有价值，对你却不一定有意义。

海德格尔说，称职的教师要求学生去学的东西首先就是学本身，而非旁的什么东西。"学"是什么？"学"就是知识与大脑之间的联结。

电影《海伦·凯勒》中有一个情节：莎莉文老师带着海伦·凯勒走到喷水池边，要海伦·凯勒把小手放在喷水孔下，让清凉的泉水溅在海伦·凯勒的手上。接着，莎莉文老师又在海伦·凯勒的手心写下"water"（水）这个单词。那一瞬间，如同黑暗当中一道光亮在心里闪过，海伦·凯勒突然明白了，水，就是流过她手心的一种物质。而任何物质，都有一个名称。

每个人联结世界的方式不尽相同。那些知识，或许早已在大脑中存在，当一道光亮闪过，那盏知识的灯亮了，与世界的联结通了。就如同水流过手心的那一刻，海伦·凯勒的眼睛依然看不见光明，心却亮了。

蔡康永说，心里最崇拜谁，不必变成那个人，而是用那个人的精神和方法，去变成你自己。这里的"精神和方法"，便是自身与世界的联结。

心理学中有一个"筛子效应"，说的是人看见的世界往往是经过筛选的，每个人只看见自己关注的东西。一个比较明显的例子是，假如你没有买车，你通常不会关注马路上车的品牌；如果有一天你买了一辆车，那么，你必定会不自觉地关注与你型号相同的车，然后，你会惊讶地发现，原来大街上跟你相同品牌的车真的很多。

筛子效应有它的两面性。一方面反映出人的盲点，一方面则让人变得更为专注，能关注旁人不会关注的事物并且聚焦。每个人的筛子必定不同，那些不被关注的事物会全部从筛子中漏掉，剩下的则被无限放大。从这个角度来说，每个人头脑中的筛子便是一种联结，我们通过这个筛子与世界相连。

《韩非子》里有一个卫人嫁女的故事。

卫人嫁其子而教之曰："必私积聚。为人妇而出，常也。其成居，幸也。"其子因私积聚，其姑以为多私而出之。其子所以反者，倍其所以嫁。其父不自罪于教子非也，而自知其益富。

这个故事是说：卫国有个人女儿将要出嫁了，他是这么教她女儿的："你要尽量多存私房钱，因为媳妇常被夫家休掉，很少有人可以长久维持。"这女儿果然存了很多私房钱，但正因如此，婆婆认为她太贪心而将她赶了出来。她带回来的财物比当初的嫁妆多了一倍有余。这位父亲不但不因自己的教育后悔，反而洋洋自得地夸耀自己有先见之明。

这个卫国人脑子里的筛子果然与众不同，更加致命的是，他的猜想竟然被验证了！可是谁又能说他学习了一个错误的理论呢？我们这个社会里，比他荒谬的人和事不知道有多少，更荒谬的是，他们都是在那些荒谬的猜想不断被验证中学习的！

我曾经写过一本书，书名叫《用服务的态度做教师》。有一位老师提出质疑，表示不能理解。他说："在古代，教师是传道、授业、解惑的。在现代，我们强调师生平等。但是，提倡服务，未免把教师看得太低了吧！"

我的回答是，我们真的以为自己能教给孩子什么东西吗？我们并不比孩子更有知识，我们也不比他们更高贵。所有的知识都是学生自己学会的。我们所能够做的，就是帮他们找到联结，点亮心灯。至于服务，更多的是强调一种专业的精神。就好像我们强调医生的服务，强调理财顾问的服务，强调法律顾问的服务，我们又哪里会小看他们呢？要反思的，恰恰是教师这个群体自身，无论是在知识层面还是精神层面上，都离专业有距离。我们又能够为社会提供怎样的专业服务呢？

李安曾说，最好的电影不是你说了一个多好的故事，而是你在观众的心里激起了些什么。你不要想把你的感受告诉大家，因为没有人在看你，他们是在看自己。

是的，我们不可能教给别人其本身没有的东西。那些能被教会的东西早已在他脑中存在，学会的那一刻，只是它被点亮了而已。

2014 年 1 月 12 日

教育的终极目标是幸福

在科举时代，教育的目标有两个，一是培养斯文，二是改变命运。读书人要知书达礼，哪怕像孔乙己那样落魄了，也不能斯文扫地。书中自有颜如玉，书中自有黄金屋，一旦进入仕途，那就飞黄腾达，光宗耀祖了。

今天，教育的目标同样有两个——社会需求与个人发展。伟大民族的复兴需要建设者与追梦人。今天的教育就是明天的经济，今天的教育就是明天的创新，今天的教育就是民族的未来。然而，教育的目标在现实生活中常常被异化。问一问老师和家长，教育的目标是什么，回答往往口是心非。教育归根结底还是要着落在中国梦背景下的个人发展上，失去了理想，偏离了目标，民族振兴便无从谈起。

教育的目标不是分数。一边是社会对教育的不满越发积聚，一边是专注于应试教育的超级中学仍旧大行其道，这是一个教育扭曲的年代。我在复旦大学参加美国哈佛大学商学院案例教学法的一次研讨会时，一位上海的重点中学校长表达了内心的无奈：为什么重点高中那么重视分数？因为如果高考成绩下降了，家长就会不认可，社会就会不认可，政府也会不认可。因此，没有哪个校长能够承受分数下降的风险。案例教学法很好，然而短期内对提高分数没有帮助，甚至会有负面作用，老师们会有动力和兴趣吗？答案是显而易见的。把分数作为主要目标，甚至是唯一目标，这是在办学校，而不是办教育。今天的学校，已经与教育渐行渐远。

教育的目标不是财富。办学需要资金，聘请好的教师需要高的薪水，希望学校虽需要支持，其实是教育贫瘠的表现。然而，教育的核心价值不可能是财富。事实上，做任何事业，核心价值都不可能是财富。乔布斯曾说："我的激情所在是打造一家可以传世的公司，这家公司里的人动力十足地创造伟大的产品。其他一切都是第二位的。当然，能赚钱很棒，因为那样你才能够制造伟大的产品。但是动力来自产品，而不是利润。"

同样，教育不是为了让学生升官发财。尽管，很多学校以自己培养的学生上了财富榜而自豪。可是，这又有什么可自豪的呢？即便成为富豪是一件很光彩的事，那些富豪赚钱的才能也多半不是学校教出来的。

教育的目标不是地位或名声。许多学校搞校庆，都是以自己培养了多少名人为荣。成功校友、知名校友成了座上宾，默默无闻的校友则可有可无。清华大学的校庆则值得称道，因为他们一直按照毕业的时间来为校友排位，每次介绍也都是从资历最老的开始。培养官员、培养名人不是坏事，学校也可以引以为豪，但这些校友毕竟是少数。大多数都是普通人，教育还是要关注这些普通的大多数。

教育的终极目标是幸福。如果教育的目标不是分数，不是财富，不是名声，不是地位，那么，作为教育者，只能关心人生的终极问题——幸福。

幸福与财富无关。心理学家研究过，只需要一个月的时间，彩票大奖得主的幸福感就会回到中奖前的水平。同样，那些在财富上取得成功的人士，反而更容易陷入虚无主义的泥潭中。

幸福甚至与健康的关系也不大。有足够的数据表明，因为车祸致残的人，一年之后，便能恢复到车祸前的心理状态。如果他们本来是乐观的人，他们仍旧会表现出积极阳光的心态。

那么，幸福是什么？

亚里士多德说，幸福是生命本身的意图和意义，是人类存在的目标和终点。换言之，幸福本来就是生命的需要，生命本来就应该是幸福的。我们付出诸多努力，克服各种困难，却往往发现所追求的东西是虚空的。而幸福，才是终极目标。

幸福是有人生目标，并且为之努力。迷茫的人生是痛苦的。失去目标之后的放纵与压抑往往导致虚无与抑郁。有时候，你看到一个人很辛劳，物质很贫乏，生活很艰苦，你认为他过得很悲惨，却没有想到，他的幸福感很强。因为他正在为实现自己的目标而奋斗，而实现目标的过程是充实的，离目标越来越近的感觉是喜悦的。

幸福是一种成功的感觉。成功让我们有自我实现的幸福，这种自我实现是一种外在的肯定，同时又能极大地提升自信。

幸福是感恩。付出和帮助别人，能让我们自己快乐。抱着感激的心态对待世界，能提升内心的幸福感。

幸福是知足。知足的人很少抱怨，即便遭遇不幸，仍能看到生活中积极正面的东西。

哈佛教授沙哈尔在《幸福的方法》一书中说，幸福的本质是快乐与意义的结合。如果我们牺牲当下的快乐去追求未来的幸福，这属于忙碌奔波；如果我们只追求当下的感官刺激而不管将来，这是享受主义；如果现在和未来都不快乐，那是虚无主义；真正的幸福，应该是现在快乐，未来也快乐。因此，如果我们现在所做的事情让我们快乐，又是有意义的，那便进入了幸福的状态。

反观当下的学校教育，我们的孩子多半处于忙碌奔波中，他们幸福吗？更糟糕的是，如果现在的努力对将来而言没有意义，那就不可避免地陷入虚无主义的泥潭中，那将是一代人的灾难。

2014 年 1 月 21 日

学校是什么地方

　　学校是什么地方？家长认为，学校是孩子学习的地方；教师认为，学校是学生接受教育的地方；孩子则认为，学校是他们交朋友和成长的地方。

　　好几年之前，一名学生在网络上给学校下定义：所谓学校，就是学生想干什么偏不让他们干的地方。

　　然而，学校完全可以是另一番模样。2014年初上海的《解放日报》上有一篇关于北京十一学校的报道，其中专门采访了李希贵校长的好朋友崔永元。崔永元提到十一学校让他感到"奇怪"的几件事。其中有一件事是这样的：李希贵陪崔永元在校园里逛，走到一间教室，一开门，有两个孩子正在自习，李希贵马上说："对不起，打扰你们了。"离开的时候又说了句："对不起，打扰你们了。"崔永元说这是他第一次见一位校长这样。

　　与此同时，一所著名的超级中学则对男女学生在校园内的交往进行明确限制，据说异性学生之间每天说话的上限是三句，超过就要被扣分。

　　另一所拥有数千名学生的寄宿制高中则以学生"自主管理"闻名。校长很自豪地向来访者介绍其独创的学生执法制度。课间，时常可以看见有几名学生排成一列纵队，胳膊上佩戴执法的红袖章，在校园里巡逻，寻找并查处违规行为。"我们学校有几千名学生住宿，一个月回家一次。我可以保证，没有一名学生携带手机。"校长信心满满地说。

　　还有一所以高考升学率高著称的学校则在晚自修的时候以班级为单

位检查统计学生的"抬头率"。也就是说，整个晚自修期间，学生都应该埋头学习，抬头次数是不能超过某一个指标的。

学校是什么地方？不同的学校用它们的实际做法给出了答案。其背后，是价值观的巨大差异。

在招生的时候，我常常有机会亲自面试学生，我更加看重的是学生有没有特长。遇到那些只会读书，没有时间发展兴趣爱好的孩子，我就会在心里打上一个问号——把他收进来，会不会有风险？遇到那些有自己独到思想和见解，能和面试教师侃侃而谈，观点新颖而又能自圆其说的学生，我总会很欣喜，毫不犹豫地写下推荐录取的标记。因为，这样的学生在我能看得见的范围之内，不是太多，而是太少。

这与学校的培养目标有关系。大部分的学校对学生的评判指标都是单一化的，从教学上说就是得高分，从管理上说就是听话。有一位校长在新生第一次家长会上直截了当地说："成绩好和听话，如果让我选择，我更喜欢听话。今年有一名学生，我一看眼神，就觉得太活络，所以就没有录取他。"

学校是什么地方？是让学生认识自我、完善自我并为将来实现自我做准备的地方。学校是什么地方？是让人的人格升华、生命变得更有价值的地方。学校是什么地方？是为学生提供教育服务的地方。

学校的产品是什么？常常会有人误解，称学校的产品是学生。作为教育工作者，我在想，我们有什么资格说"学生是我们的产品"？我们究竟对学生做了什么？学校教育究竟能够对学生的一生产生多少本质上的改变？学生不是学校的产品，而是客户。学校所能够提供的产品是课程。在校园里，一切对学生产生影响的因素都会成为课程，根据属性，可分为认知性课程、活动性课程以及隐性课程。学校之间的本质区别，在于各自能提供的课程体系以及支持此课程体系运行的管理系统。

许多人对学校是服务类机构心存质疑：如果学校是服务机构，师道尊严何在？我觉得如果将教师与医生类比，争议应该不大。医院难道不是向大众提供医疗服务的机构吗？对那些专业技能高超、医德高尚的医务工作者，我们不仅尊敬，而且感激。有没有尊严，与从事哪个行业无关。

拿学校跟餐馆类比就更有意思了。我的同事沈老师将自己比喻为厨师，那一节节设计精良的课堂就是教师精心烹制的菜肴，教师应努力给课堂添加不同的"佐料"，使自己的课变得"美味可口"，学生"吃"了还想"吃"。沈老师能屈尊将自己降为厨师，精神可嘉，他所描绘的，也正是传统教育与传统餐饮业的共同点。

传统学校如同传统饭店一样：厨师做菜，顾客来吃，厨师的手艺决定了饭菜的质量。在义务教育阶段，受政策所限，所有的饭店能做的几乎都是同样的菜。而且最重要的是，烧什么菜的决定权并不在顾客，也不在厨师，而是饭店的上级主管部门。

这其实就像集体主义时代的食堂，食客是没有选择权的，食堂烧什么，你就吃什么。有的吃就不错了，不管好吃不好吃，既然烧了，就得吃，还要比谁吃得多、吃得快。

有的食堂后来进化为可以选择套餐，进而可以在一定范围内点餐。这就如同学校能提供的课程不仅仅是国家课程，还有地方课程与学校自己开发的校本课程，当后面两类课程占据越来越大的比例时，学生的选择也就越来越多。

食堂继续进化直至出现自助餐，这是一场革命，这是充分以人为本、以顾客为中心的突破，食客们可以自由选择，吃多少拿多少。在自助餐厅我们可以看到，每个人的盘子里装的都不一样。学校课程完全"超市化"可能有困难，毕竟，总还是有一些必修课，自由选修也很难实现，在一定范围内的限定选修更具可操作性。随着互联网时代的来临，在线课程如潮水般涌现，这使得课程的自助餐化完全成为现实。然而，学习和吃饭有一个本质的不同需要我们加以注意——后者是天性和必需，前者是否必需尚需加以证实。

有没有这样的餐馆——没有厨师，只提供食材，由食客自己烹制？

火锅店应该算。想吃什么，喜欢什么样的辅助佐料，烹饪多长时间，如何烹饪，都由食客自己选择。烤肉店也符合这些特征——不直接销售产品，而只提供半成品，让顾客参与制造产品的过程，并自己制造出产品享用。这应该更有意义吧！

想明白这一点，我在逛宜家（瑞典家具巨头）时，就不得不赞叹他们的理念了。未来的服务业，还可以有更多类似的突破。

回到学校是什么地方这个问题，我觉得还是得尊重我们的顾客——学生。学校是他们交朋友和成长的地方。学校在教给学生基本知识与技能的基础上，应该以激发学生内在的学习动力和学习兴趣为核心目标，所有的课程设计应该以此为出发点。因此，未来的学校应当致力于提供一个平台，在这个平台上，有必需的工具和材料，学生甚至可以自行研发课程，自己确定课程形态，在此过程中合作、分享、竞争、试错。教师和学校管理者，可以守在旁边，不断完善这个系统，并且在学生需要帮助的时候，及时出现，加以指导，在困难克服后，安静地退到一边，继续从容地观察、记录、弥补。

一个被称作学校的地方，真的可以也应当是这个样子的。

2014 年 8 月 17 日

美国大学喜欢什么样的学生

　　究竟是招生，还是招女婿？前两年，北方一所著名大学的一个系在招生时明确提出不录或慎录超重以及身高低于 1.6 米的男生和身高低于 1.5 米的女生，引起社会的质疑。

　　无独有偶，南方一个小镇对于非户籍学生借读幼儿园设置了一个标准：父母购置商品房的面积不低于 80 平方米，同样引起舆论哗然。

　　招生如同招女婿，要看身高、体重、住房情况，有点儿令人匪夷所思。不过，要说这两者一点儿关联都没有，倒也不见得。南京市一位教育局局长就提出一个观点：丈母娘选女婿的标准，就是我们培养人的方向。

　　丈母娘如何选女婿？网上有一位"史上最牛丈母娘"建立了一个相亲数据库，列出了相亲对象的基本情况，包括姓名、年龄、身高、生肖、户口、情史、体型、脸型、毕业院校、专业、英语程度、职业、就职单位、收入、加班情况、固定资产、个人爱好、生活技能等 27 项标准。每项以 1—10 分进行打分，最终计算出总分，只有达到合格分数，才能从"丈母娘"处"通关"见到女主角。

　　足够理性智慧的丈母娘不至于如此苛刻。在一个面向家长的大讲堂上，易善平局长举了一个例子，前段时间朋友请他帮女儿找对象，他推荐了一个留美博士，并介绍说博士身高、长相都不错。女孩儿母亲问小伙子性格如何，他如实回答："诚实本分，就是不怎么喜欢跟人交往。"女孩儿母亲听了之后就失去了兴趣。易善平问她："那你选女婿的标准是什么？"女孩儿母亲说："首先要人品好，身体好；其次有正经工作，有一技之长；能跟同事相处好，人缘好，就更好了。"

在我看来，这不仅是丈母娘选女婿的标准，也是我们家长培养自家孩子的目标。作家老舍对子女有三个要求：一是粗通文墨，二是有一技之长，三是不欺负人，也不被人欺负。两相对照，无非就是希望孩子们自食其力，能够很好地独立生活。

教育以培养人为目标，可是国内学校招生还是只看分数。大学招生官如果能有丈母娘招女婿的眼光，倒也未尝不是一件幸事。

近来跟一位朋友闲聊，他对美国大学的招生体系比较熟悉。他告诉我，通常美国大学希望高三毕业生提供三样东西：平时成绩、标准化考试分数以及一篇介绍自己的文书。我研究之后发现，美国大学招生已经基本和丈母娘选女婿的眼光保持一致。

通常来说，做别人女婿的都是年轻人，年纪轻轻就有房有车、物质条件丰裕，这样的孩子非富即贵，不是富二代就是官二代，女儿能找到最好，不能找到就得从普通人家的男孩子中选择。这就需要丈母娘有发展的眼光，能够一眼看出准女婿的未来潜力有多大。让自己的女儿和他一起努力，并帮助他成为非富即贵之人，选择这样的女婿其实更靠谱。

美国大学招生时也秉承这样的原则，希望招来的学生通过在大学的学习，能够成为未来的栋梁之才，这也是学校的荣耀。因此，一旦遇到这样的人才，美国大学是使出浑身解数来招揽的。对学校不够了解？邀请你过去参观。承担不了学费？给你全额奖学金，此外还有通过勤工俭学拿助学金的机会。那么，招生官又如何判断一个人是否有潜力呢？

平时成绩肯定得看，平均分高且稳定是必需的，这说明在同龄人中其学业是有竞争力的。由于各个学校的课程难度以及评分标准不同，因此还需要看标准化考试成绩。美国高中生通常都会参加学术能力评估测试（SAT）或者美国大学入学考试（ACT），以博得一流大学的青睐。中国学生还需要参加语言标准化考试，如托福或雅思。但即便平时成绩和标准化考试分数都很高，那些最顶尖大学的招生官也不一定录取你，因为他还得考虑另一件事：你是不是书呆子？如果被他发现你是几乎投入了所有的力气才取得这个成绩，他多半不能录取你。否则，这将成为他的一个重大工作失误。一直有媒体报道所谓的"高考状元"或者SAT满分的学霸被美国著名大学拒绝，就是这个道理。

于是，介绍自己的文书就显得尤为重要。在这份文书里，你得将自己成绩之外的东西做一个深度的介绍，像打动未来的丈母娘一样，打动心仪学校的招生官。

向别人介绍自己有很多办法，直接用形容词来堆砌是最不明智的。美国大学比较看重学生的领导力、专注精神以及公民情怀，用故事来展现自己可能是更好的选择。考虑到大学录取率持续走低，大学招生官在招生季要阅读海量的文书，把自己的故事讲得精彩而又与众不同就显得更为重要。

有一个案例广为流传。一个在美国出生的华人第二代，在美国读完小学和初中，升入高中那年父母带他回老家——中国中部一个人口大省探亲，还特意访问了当地的一所盲童学校。这次参观改变了他的人生，他在参观过程中深受震撼，回美国后他发起了一项募捐活动，帮助这所盲童学校的一些有机会通过手术看到光明的孩子筹集经费。三年的时间里，他每年都会回来一次，看望孩子并进行捐赠，三年累计完成10万美元的筹款，通过努力，真的让几个孩子重新看到了光明。申请大学时，他下决心读哈佛大学医学院。在申请文书中，他讲述了自己的故事。在文书的最后，他说："我之所以要学医，是希望将来成为一名眼科大夫，能亲自为更多的孩子动手术，帮助他们看到光明。"试问，如果你是哈佛大学的招生官，若这个申请者各方面条件都基本具备，你要不要这样的孩子？

答案是无可置疑的。即便这孩子的学业成绩或标准化考试成绩稍逊，招生官依旧会青睐他。好的文书讲述的是真实的故事，通过故事对申请者进行身份塑造，若与申请专业的要求达到高度的一致，将会极具说服力。

申请文书中的故事需包含三个元素。第一是领导力。美国的大学通常都喜欢有领导力的学生，无论你有什么样的兴趣，无论你有多么宏大的理想，无论你曾经参与了什么样的活动，如果你不能影响身边的人，靠单打独斗，永远做不成什么大事。第二是承诺与坚持。我听说有中国家长听说升学时需要孩子有参加活动的经历，于是带着孩子飞到非洲去种树，或者去认领珍稀动物。这些听起来很好，但毕竟只是一次性的活动，无法与孩子的内心意志建立联结。所谓承诺与坚持，实际上是将自己的爱好当作一项事业来做，这些爱好、兴趣与申请专业又有密不可分的关系。第三是材料与证据。做了那么多事情，书面的文档以及影像资料当然必不可少，更重要的是内心的体验。美国顶尖大学通常都会面试，面试官与孩子进行一至两个小时的面对面交谈，就可以对文书中涉及的内容进行验证。其他所有的材料都可以作假，内心的感悟是无法伪装的。

不得不承认，美国大学的招生体系是很高明的。那些顶尖大学的招生官看人的眼光尤其独到，而一代又一代的精英，就在这些大学中茁壮成长，成为民族和国家的基石。

2014 年 8 月 30 日

控制、激励与服务

这两日，21 世纪教育发展研究院院长杨东平与河北衡水中学打了一场口水仗。衡水中学以其近年来无与伦比的高考成绩引起教育界的高度关注，支持和质疑其管理模式的都大有人在。杨东平无疑属于后者，他写的一篇文章《假如我是衡水中学校长》发表于《中国青年报》（2014 年 11 月 11 日），指出"衡中现象"的背后是"应试教育对学校的异化，存在着从学校——培训中心——准军营——'模范监狱'这样强度不同的光谱"。衡水中学马上回应，在学校网站首页刊登了一篇该校学生家长的文章，标题很醒目——《杨东平要是衡中校长，就该给他几个耳刮子》。这架势，换谁也受不了，果然，杨东平随即发表一篇博文——《衡水中学为何如此暴戾》。

同样是做应试教育，衡水中学能够在全国那么多所学校中脱颖而出，必有过人之处，不服不行。因此，才有江苏省教育学会副会长叶水涛先生说"衡水中学在现有的高考制度下有出色的发挥，体现了一种卓越的精神，取得的成绩难能可贵"。而这，应该代表了相当多业内人士的观点。

可以这样说，衡水中学是如今中国中小学校应试管理的集大成者，衡水中学所采用的管理方式，其他众多学校或多或少都在采用，只是不如衡水中学执行得那么到位、那么深入骨髓罢了。然而，这也正是杨东平所批评的。在《假如我是衡水中学校长》一文中，他说：

假如我是衡水中学的校长，我会怎么办呢？我会首先取消 50% 的清规戒律，允许学生上课转笔、抖脚、靠墙，允许自习课喝水、抬头或者发呆；放宽学生的作息时间，让学生有比较充足的时间穿衣、叠被、吃饭；学生现在每两周或每四周放一天假，将其改为每两周放假两天；增加学生的户外活动、体育锻炼时间；等等。

所有这些管理措施的背后都有着明确清晰的价值观，我读出的两个字是：控制。

控制是所有以应试为导向并取得成功的学校管理的精髓。控制学生的时间，控制学生的行为，控制学生的思想，控制学生的一切。《中国青年报》同时刊登了一篇衡水中学毕业生的文章《我们只在一个数字标尺上显示价值》，作者讲述了在衡水中学学习和生活的状态，"我只需要听话就可以了，老师们已经把我要走的路测量了无数遍，跟着老师和同学一起走即可"。将控制做到这种程度，真是不一般的境界。

在这样一种教育生态环境下，一线教师尤其是班主任也逐渐适应了以控制为指向的管理，并且将他们的工作任务准确地诠释为"不出事，抓分数"。从生存的角度来说，这未尝不是一种实事求是的态度。

我自己在职业生涯初期，也的确是沿着控制的主线来开展工作的。直到有一天，当我逐渐地从一名班主任成长为校级干部，我突然意识到，管理的目的不应该是控制，而应该是激励。好的管理者应该是一名激励大师，能够将团队每一名成员的主观能动性与工作潜能激发出来。毕竟，所有的工作都需要分工协作才能完成，而教育又是多么需要良知、奉献与智慧，这些都无法简单地通过强调执行力来实现。

强调激励依然需要控制，但不是控制别人，而是控制自己。"以前是控制别人，现在是控制自己"，我曾经对团队里的成员这样说。控制自己是全方位的，包括控制自己的欲望，控制自己的冲动，控制自己的情绪等。

激励需要信任与充分授权，需要在学生或下属做得不是很出色的时候按捺住自己亲自操刀的冲动，让他们去完成，去体验，并帮助他们分析、总结、反思与提升。

激励需要制度设计，让每一个人都有自己的活动空间，每一个人都有机会面对挑战，每一个人都承担自己的责任，每一个人都明确地知道评估标准与结果。

激励需要团队合作，学校是学习型组织，每一个人都不是单打独斗，而是在团队学习中共同成长，相互帮助，相互促进，共同提高。

激励需要技巧，管理者对团队里每一名成员都要有充分的了解，了解其长处与短处，在其遇到瓶颈时能进行有效的点拨。

激励最重要的是目标引领，管理者要常怀一个梦想，常谈一个愿景，并且让这个梦想和愿景成为团队每一名成员的共识，让我的故事成为我们的故事。

当一所学校将激励作为管理的指导思想，我相信，每一位教师和每一名学生的个性与特长都会被尊重和保护，管理的目标便成为教师与学生的生长与发展，而不是冷冰冰的数字。北京十一学校校长李希贵曾经写过一本书，叫《学生第二》，"学生第二"意味着教师第一，学校的校长将教师放在第一位，教师才可能把学生放在第一位。李希贵后来又写了一本书，直接取名《学生第一》，"学生第一"与"学生第二"并不矛盾，正说明李希贵的管理思路进入激励之后的第三个层次。

这个层次叫服务。

在十一学校改革之初，李希贵就说，教育已演变成服务业，而且不可逆转。在第五届全国新学校论坛中，他再次强调，教育是服务业，如果我们没有这种服务的心态，我们就不可能使学校的治理结构越来越有利于学生，如果我们不去关注学生的诉求，教育改革就会越改离教育的本质越远。

对于教育是服务业的观点，我是极为赞同的。2012 年，我曾经出版了一本书，取名《用服务的态度做教师》。后来，在学校的行政会上，我多次强调，学校的产品不是学生，学生是我们的服务对象，学校的产品是课程，而课程，是学生校园生活的总和。

成长与发展是教师和学生个人的事情，毕竟我们再怎么努力，也无法替代他们。我们所能做的首先是激励，当他们迸发出激情与动力时，为他们提供各种服务。

学校是什么地方？是教师与学生成长与发展的地方。以服务为主导的学校管理应当为他们搭建各种平台，让他们在生长的过程中得到充足的阳光、水和养分，使他们的根扎得更深，枝叶长得更粗壮，花开得更艳丽，生命更有成就感。

服务的心态是感恩。生命是相互成全的，没有学生哪有教师，没有员工哪有领导，让学生和教师有良好的生命体验，是学校的基本职责。

服务的心态是接纳。应认识到生命的多姿多彩，每一个个体都是那样的与众不同，每一名学生和教师都不完美，都有缺陷。接纳需要修炼，需要沉淀。

服务的心态是敬畏。我们自己也在成长，在教育与管理的岗位上，我们也是一名新手，我们所苦苦坚持的，未来很可能被证明是错误的。走上讲台，我们尤其要战战兢兢，如履薄冰，对待自己的职业，要始终保持一颗警醒与敬畏之心。

当然，真实语境中的班级管理与学校管理，一定是控制、激励与服务共存的。基本的管理秩序总要维持，必要的控制手段还是要实施。只是，在每一次执行控制的时候，还是要小小地追问一下，控制的目的到底是什么？如果打破这种控制，可能出现的结果是什么？除了控制之外，还有没有其他途径？如此一来，我们便不会在控制的道路上越走越远，走到极致。

2014 年 12 月 6 日

面向未来的教育

被誉为"大数据时代的预言家"的牛津大学教授舍恩伯格近日来华，在华东师范大学发表演讲，探讨学习与教育的未来发展趋势。在讲座中，他提到在不丹的见闻。他看到那里的年轻人在跟老的画师学习绘制唐卡画，让舍恩伯格震惊的是，年轻人的模仿能力极强，他们绘制的唐卡画与他们师傅的极其相像，而这也是评判年轻画师水平的唯一标准。不丹是一个小国，坚守传统，自我封闭，那里的人民"不知有汉，无论魏晋"。然而在我看来，在今天这样一个全球化的时代，如果年轻人还是沉湎于过去，没有眼界，没有创新，这个民族注定没有未来。

教育不能停留在过去，要面向未来，这应当成为所有教育者牢记的信条。当今中国基础教育的主要弊端之一便是我们的整个体系并不指向未来，而是停留在过去。教科书是一个侧面，有人戏称我们的教科书是"用过去的知识教学生的未来"。评价才是核心问题，为了所谓的"公平"，我们不得不着眼于过去和当下，用学生已经取得的并且能够马上见效的、可以量化的成绩作为其升学的指标，而放弃对其发展潜能的评估。当我们一届又一届的毕业生顺利通过应试的关卡，却成为在未来迷失的一代人，我们的教育者情何以堪？

北大教授郑也夫称，获得诺贝尔奖的外籍华人，很少有人在中国接受过中小学教育。他还说，在中国接受过十二年中小学教育的人，即使进入哈佛大学、耶鲁大学等世界名校，也不会获诺贝尔奖，因为十二年的中小学教育已经把人修理成一个考试机器。郑也夫所言较为激愤，实际情况不至于如此糟糕，例如，我们也有土生土长的诺贝尔奖得主莫言，虽然他其实并没有读过什么书。我们的基础教育也不是没有绿洲，中国十二年中小学教育培养出来的人才已经接近被诺贝尔奖提名的边缘，便是一个明证。

未来需要什么样的人才？学校教育能够为此做什么？我时常问自己这些问题。在多年的实践中，在不断的思考中，我大致形成了一些思路，同时也做了一些尝试与探索。我认为，学校教育应该在五个方面培养孩子的素质。

第一个方面，工具与技能。学校教育必须教给孩子基本的知识与技能，让他们掌握一定的工具，毕业之后能够有基本的维持生存的能力，这应当没有疑问。这也是数学、语文等核心学科的任务。中国过去三十年的基础教育为提高全民族人口的基本素质还是做出了很大贡献的，和印度等人力资源丰富的发展中国家相比，中国的年轻劳动力具备了更高的素质，成为改革开放之后各行各业大发展的重要建设者。因此，客观地说，中国基础教育的工厂化、流水线化虽然对高端创新人才的培养产生很大抑制，对中低端劳动力的基本素质提升还是做出了很大贡献的。

西方的基础教育与我们相反，他们在精英教育方面做得十分出色，但是更多的孩子从学校毕业后，学术水准不高。以数学为例，国际学生评估项目（PISA）测试表明，英美等国的十五岁学生比中国的同龄人平均水平低三个年级。英国的成年人中有一半的数学水平只相当于七岁儿童的水平，这也是英国痛下决心向上海学习数学教学的根本原因。

当国际化成为一股潮流，国际课程愈来愈受家长追捧的时候，我们要认识到中国基础教育坚持较高期望与标准的优势，要将学术水平放到一个重要的地位。古往今来，国内国外，任何好的教育都是建立在学科教学高学术标准的基础上的。

第二个方面，兴趣与特长。除了工具与技能，学校教育的另一个主要功能就是要保持孩子的兴趣。真正的持久的动力一定源自于内心的兴趣，最佳的生活状态就是兴趣与职业的统一。创新的必备条件有两个，一个是兴趣，另一个是闲暇。当孩子们有自己的兴趣和选择，同时又有自由支配的时间时，便一定能够在相应的领域得到充分的发展，达到一定的高度，形成自己的特长。而未来，个体一定要依靠自身的特长方能在社会上立足。

我们今天的教育恰恰在这一点上十分欠缺，学生的特长不但得不到发展，还受到极大的抑制。这些年来我常常有机会面试应聘者，我总是要问一问他们的兴趣、爱好及特长，最让我头疼的就是看着他们一脸茫然，听他们怯怯地问，听歌、看电影算吗？

学校教育应该千方百计为学生搭建成长的平台。我理想中的教育应当是这样的：学生并不是根据学校提供的课程来进行选择，而是根据自身的兴趣提出发展方向，学校则创造条件满足其需要。所谓"因材施教，各取所需，各得其所，人尽其才"是也。

第三个方面，文化与传承。教育的另一大功能是文化的传承。学校教育为民族的未来培养人才，而承担伟大民族复兴重任的年轻人必须深谙民族精神的精髓。习总书记在多个场合表达了对传统文化的推崇，传统文化也成为一个重要课题：中华传统文化的核心内涵到底是什么？学校教育该如何通过课程和教学将传统文化的精华传承给下一代？

钱穆先生说，中国传统教育的理想与精神，乃是教人如何为人。尤其是儒家教义，更是承担了一种类似于宗教的责任。儒家教义有一种人品观，将人分为君子与小人两类。君子与小人的根本不同在于，君子不会专顾一己之私，而兼顾大群之公，小人正相反。余秋雨先生更是将中华文化概括为君子之道，在行为层面表现为礼仪之道，在精神层面则表现为中庸之道。

今天我们反思学校德育工作的低效乃至无效，深层根源也在于此。西方德育的制高点在宗教，中国德育的制高点在传统文化。过去的几十年，我们不明智地摒弃了自身的文化，以至于国学成为一种奢侈的课程。愈是开放，愈是全球化，我们愈是需要在传统文化中汲取营养与精华，要知道，传统文化是我们精神力量的来源。

第四个方面，视野与境界。强调文化传统并不是主张封闭，文化的生命力在于创新与融合。像不丹的唐卡画这样的文化遗产，如果真正要保护它，最好的态度不是模仿，而是让它在新时代焕发出新的生命力。因此，年轻人需要有宽广的视野，需要了解外面的世界，知道世界上其他民族的文化，明白其他国家的同龄人的思维方式。今天在社会上有一些类似于私塾、学堂之类的机构，提倡复古，强调囫囵吞枣式的读经与背经，拒绝现代文明成果，十分可笑，注定要失败。

我在看《历史转折中的邓小平》时，一直想弄清楚邓小平力排众议、坚持改革开放的力量来源，后来终于弄明白，那就是邓小平的留洋经历。邓小平在说服别人时，常常说"我在巴黎的时候……"。因为有了这段经历，邓小平具备了全球视野，并清醒到意识到当时中国的长处与短处，与西方发达国家的差距在哪里，从而说出"贫穷不是社会主义""发展是硬道理""如果不能切实提高人民群众的生活水平，就要被开出球籍"等朴实而深刻的话语。

视野开阔之后，境界也会获得提升。我在学校里大力提倡和鼓励学生参与各种社团活动，并尽己所能给予支持。一大批学生在社团活动中脱颖而出，不仅领导力出众，公益心与全球视野也得到凸显，很多孩子在其发起与组织的活动中展现出很强的能力，这在全球的同龄人中都具备了较强的竞争力。他们是民族的希望与未来。

第五个方面，挑战与勇气。国外的教育十分重视体育，体育是对人的体能的挑战，培养的是团队精神以及克服自身能力极限的勇气与意志。体育不但是一种精神，也是一种文化，这种精神与文化将在学生离开校园之后，伴随着他们走完一生。人的一生注定困难重重，让孩子学会挑战自然、挑战世界，在体育活动中学会挑战自己、战胜自己，也是学校教育必须关注的重要主题。

我们看到，当今中国越来越多类似王石这样的精英人士将极限运动作为自己的兴趣爱好，与我所在的平和学校同处一个社区的中欧国际工商学院，就有一个传统的戈壁徒步的暑期项目，参与者甚众。从 2015 年开始，我们也尝试在学校里将铁人三项作为初中学生的毕业标准考试，算是迈出了小小的一步。

做面向未来的教育，我们需要进行太多的变革，让我欣慰的是，越来越多的有识之士对此有越来越多的共识。作为在一所民办学校工作了十八年的教育者，我很珍视自己拥有这样一种教育空间，也意识到自己所承担的社会责任。于我而言，中国梦就是探索出一条为民族未来培养人才的学校教育的路径，这个梦并不遥远，并且一定会实现。

2015 年 1 月 18 日

物理反应与化学反应

一

老姜在一所公办学校做校长好几年了，最近，我看到教育局公布的名单，他在上海市校长的职别系统中获得晋升，我于是约他出来喝茶，也向他当面表达祝贺。

"你还跟我来这套？"老姜假惺惺地说，"你不是一直不在乎这个的吗？"

"我不在乎，有人在乎呀。"我说。我跟老姜认识很多年了，彼此都有让对方欣赏的地方，见了面说话常常没有寒暄，直奔主题。

"我倒不是在乎，只不过体系就是如此，趁着还年轻，尽力而已。"老姜语重心长地劝我："你还是去弄个职称吧，你都做校长了，才什么职称？好像中级都没评吧，你又不是没这个能力。"

"我这辈子就在民办学校混了，要是想评，早就去评了。现在再去申报，反而晚节不保。有个职称固然好，不过没有的话更自由，有利有弊吧。"我说。

老姜似笑非笑地看着我。

我接着说："其实我觉得职级这个东西初衷可能是好的，但实际上特没劲。你不觉得你被套住了吗？台湾就不给教师评职级，人家的教育不也有很多地方值得我们学习吗？况且，说句不中听的话，评上高级，真的就是'高级'教师了吗？"

"好吧，"老姜说，"你要是在公办学校，你就不会这么想了。"

二

"最近又有些什么新的想法？"老姜问我。

"就是觉得很多教育都是无用功，"我说，"我有一个感觉，我们现在的学校教育以及管理方式，给学生带来的都是物理变化，很少有化学变化。"

"怎么说？"老姜问。

"你记不记得爱因斯坦说过，所谓教育，就是当我们把教的东西都忘光了的时候，剩下的就是教育。前者是物理变化，后者是化学变化。"我说。

"嗯，有点道理。"老姜若有所思地说，"就好像花生米，如果你只是把它弄湿了，在太阳下晒一晒，又会恢复原样，这是物理变化。如果把它炒熟了，那就是化学变化。"

这是老姜的本领，常常用很直白的比喻来表达他自己的思考。这也是我喜欢他的地方。

"一个孩子走进校园，几年后离开，学校是把他'炒熟了'还是'弄湿了'？这个其实要很多年之后才能看得出来。我们需要有长远的眼光，真正为孩子的未来发展考虑，设计学校教育。我们现在有这样做吗？"我问老姜。

"做公办学校校长很辛苦的，应付各种考核评比都来不及，你又不是不知道，"老姜苦笑着说，"一所拥有几千名学生的学校，一旦出一点儿安全问题，你就有可能被麻烦缠身，甚至被控制住，这就是现实。"

三

"但我们至少可以多从化学反应的角度来考虑教育问题，"我说，"现在应试教育最大的问题就在于，把学生变成计算机器和记忆机器，通过反复操练让学生掌握'标准答案'。这种学习方式是基于物理反应的灌输，学生没有自己的东西，学习过程中没有新东西产生，没有化学变化，这是可悲的。"

"所以，还是孔老夫子高明啊——不愤不启，不悱不发。"老姜说。

我冲老姜竖起大拇指，"西方教育为什么将启发放在第一位，就是这个道理。这也是钱学森之问的症结所在——我们的基础教育中充斥着大量的物理反应，而不是化学反应。真正以启发的思路教学的老师还是太少。"

"那操练真的一点儿作用都没有吗？"老姜问。

"也不完全没作用。有一句成语叫'熟能生巧'，反复操练不是机械操练，而是动脑筋琢磨和研究，一旦生出'巧'来，就是化学变化了，因为有新东西产生了。"

"你希望学生的学习更多的是化学反应，那么，反应物是什么呢？"老姜问。

"学生当然是首要反应物，学校提供的课程是其他反应物，其实更重要的应该是学生的自主体验。当学生的心灵产生震撼，经历就能转化为体验，从而使孩子产生新的思想。你知道，其实在人的成长过程中，有的时候你投入了很多反应物，也会产生一些生成物，但那些生成物是不是有价值就太难讲了。人类历史上沉淀下来流传至今的各种思想、技术、发明、文化，都是化学反应的成果。"我说。

四

"那教师的作用呢？"老姜问。

"教师起催化作用，"我说，"对学生而言，教师只是路人，教师不可能完全进入学生的生活世界，但教师可以为学生打开一个新的世界，成为学生的指路人。教师还可以通过有意识的教育设计来为学生创造心灵体验的机会。"

老姜点点头，说："这也提醒我们教师，学生是主体，教师不要越俎代庖，而应该把学生放在教育的中心地位。"

"从反应物的角度来说，有些学生的性质是活跃的，易于反应。这类学生往往思维活跃，善于学习。还有一类学生就像惰性气体一样，已经'傻'掉了，无论教师怎么教，即使教师自己变成反应物，他也没变化。"我说。

老姜说："我现在的学校里就有一些这样的学生，完全被他们之前的老师教傻了，你看他们的眼神，都是暗淡无光的。"

五

"你知道吗？"我对老姜说，"我现在到一些学校去，都不需要进课堂，我在校园里走一走，看看学生们的脸，我就可以判断出这所学校是好学校还是坏学校。"

"我理解你的意思，"老姜说，"如果学生的脸上有阳光和笑容，有舒展和青春，就说明这所学校没有压抑学生，就是好学校。"

这就是我愿意跟老姜聊天的原因，他的悟性一流。其实他很想做一些事情，只不过不像我，可以自由而任性。

我说："老姜，你们学校门口挂了那么多牌子，什么示范校啊、先进校啊、基地校啊，是不是多一个牌子就说明这所学校更好一些呢？"

"你别挤对我了，"老姜笑着说，"你知道的，我们上面有很多部门，每年的评比和审核一大堆，我们也不愿意做，挂个牌子也是为了更好地开展这些工作嘛。"

"有一句名言，叫作多把尺子就多一批好学生，教育主管部门可能觉得多一个评比就多一批好学校吧。"我揶揄道，"其实道理是一样的。这个评比是否能给学校带来化学变化？如果只是一些文字和影像材料的物理堆砌，这样的评比我是不愿参加的。"

六

老姜沉默了一会儿，问："怎么理解'教学相长'这个观点？"

"问得好，"我赞赏道，"从学生学习的角度说，教师是催化剂。从教师职业成长的角度说，教师也是反应物。成长是一种化学变化，教师一定要在教育生涯中发生化学反应。"

"教师成长与学生成长是相互独立的吗？"老姜问。

"这个难说，很可能有重叠的部分。"我说，"其实，这和教师的定位有关。如果教师不把自己看成教师，把自己看作学习者，那么，他跟学生之间就会有更多的化学反应，彼此都会有新的东西产生。"

"我很欣赏我们学校一位老师的观点，他说：没有患者哪有医生？没有学生哪有老师？他把自己的位置放得很正。这种老师也属于易于反应的一类。"我说。

老姜感叹说："没有人有资格教另一个人，每个人都是学习者。教育不就是培养终身学习者吗？可是今天，教师普遍不喜欢学习，我觉得其实教师比学生更需要学习。"

七

"具备什么品质的学生易于产生化学反应？"这是我们此次见面老姜问的最后一个问题。

我说："这是一个大问题，我也答不好，只能试着说一说，其实你心里也有答案的，不是吗？看看我们想的是不是一致吧。

"首先，一定的知识积淀还是必需的。例如，必须有对传统文化的传承，我们的孩子毕竟是龙的传人，胸腔里跳动的是一颗中国心，孩子的民族之根扎得深，才具有创新的基础。

"其次，勤奋也是重要的。未来真正成大事的人才，必定不只是靠聪明与天赋，还要靠不懈的努力。成长中的化学反应其实很困难，可能一百次反应才能生成一点点儿新的东西。如果没有勤奋，也许反应了几次没有成果就放弃了。

"再次，要具备独立思考的精神。这一点相当重要。一个人最高贵的地方，是拥有独立的人格，享有心灵的自由。压抑和管制的地方没有创新，闲暇与自由才是创新思维的土壤。顺便说一下，很多地方搞教育家培养工程，教育家是可以培养出来的吗？教育家是在自由的土壤里自然生长出来的。

"最后，要有宽广的视野与博爱的情怀。也就是做人的境界要高。只有这样，才有更多的人愿意跟他产生联结，从而制造更多的反应的机会。他站得高，看得远，产生的反应物也更有意义。"

<h2 style="text-align:center">八</h2>

老姜向我表示感谢，说他今天收获很大，因此这顿茶他来埋单。

我说："你不要高兴得太早。人生悟道的化学反应就和背单词一样，你以为你记住了，过段时间还是会忘记。有人说，一个单词要真正被记住，成为词库中的一员，至少要在不同的地方被学习12次。人的思想要转化为行为，也是一样的。"

"你想说的是……"认识这么多年了，老姜知道我常常话里有话。

"我们得常喝茶。跟你喝茶我挺愉快，我们俩在一起有化学反应。"我指一指心口说，"这里有感应。"

老姜点点头说："好吧，你不就是让我再请你喝11次茶嘛。我们慢慢来，有的是时间。临近年底，还得回去写总结。希望今年学校工作不全是物理变化，能有一些新的东西。"

"好啊，"我伸出手来，"来年再聊。"

我们在茶坊门口告别。这个冬季不太冷，不过和往年并没有什么不同。日子平淡如水，我们各奔前程。

2015 年 2 月 1 日

教育的广度与深度

我的一位朋友运动员出身，读过少年体校，入选过省队，他还有一个爱好，喜欢写诗。有一天喝酒，他自吹自擂："我大概是全中国运动员里诗写得最好的。"旁边有人接着说："也可能是全中国写诗的人中体育最好的。"然后大家碰杯，嚷嚷着祝贺他。

搞体育与写诗，单论其中任何一项，他都不算顶尖。组合在一起，就成了他人生的重要资本。至少他自己这么认为。

作为职业运动员，能进入省队，人生算是有了一定深度。又喜欢写诗，明显跨界厉害，这是人生的广度。人生既有深度，又有广度，在很挑剔的人眼中，也是比较圆满的状态。

学校教育的目标是为孩子过圆满的一生奠基，因此，必须兼顾深度与广度。

有人比较中西教育，认为中国的教育注重深度，西方的教育注重广度。以数学教育为例，PISA 测试结果表明，上海 15 岁学生的数学水平比世界发达国家的同龄人平均高三个年级，显然我们学得深嘛。我一位复旦数学系毕业的同学曾向我抱怨，读小学五年级的儿子问他一道数学题，他愣不会做，在儿子面前很没有面子。我看了那道题，对他说："这是一道初二的题目，你儿子不会做很正常，我没想到你也不会做。"

这个例子是说明我们的数学教育有深度吗？恰恰相反。一个数学专业的毕业生，从事着和数学多少有点儿关系的职业，数学水平竟退步到接近小学生，之前的所谓"深度"意义何在？而在专业领域，中国数学家与西方数学家的水平差距，已经不是一个数量级可以形容的。

谁更有深度？

这就引出一个问题：深度和广度之间，到底有没有关系？例如，我那位喜欢写诗的运动员朋友，可以认为写诗对他的运动职业有促进作用吗？似乎很牵强。但我确信这两者之间是有联系的。就好像电视节目里，成龙与马未都相谈甚欢。两人的职业有联系吗？为什么他们有那么多共同话题，两者还惺惺相惜？我的解释是，写诗会让他更热爱生活，从而对持续地参加训练更有热情。在任何一个职业取得成功，须具备三个因素：天赋，勤奋，专注。人生的广度增加后，不大会改变天赋，但是可能改变勤奋与专注，从而变得更有深度。

广度提升深度，深度也能提升广度。许多行业里的大师级人物，在专业上有很深的造诣，然而你去采访他，感受更多的却是他们的人生广度。他们的人生就是一本书，他们以专业起家，造诣却不限于专业。这是因为在专业的最深处，便进入一个自由王国，在这个国度里，各个领域都是相通的。如同平地里挖一口井，挖出水来便和整个地下水世界相通了。人生在各个领域的最深处浑然一体。

中国人向来重视理科，有"学好数理化，走遍天下都不怕"一说。许多文科生常常因为理科不好才选择文科。在知识领域，文科决定广度，理科决定深度。理科的核心是逻辑，逻辑像是一根长钉，只要你牢牢按住它，敲打，再敲打，可以钻得很深。文科的核心是博雅，对世界的各种关系都有一些了解，从而突破世界对自身的束缚，实现内心的自由。理科代表深度，文科代表广度。在基础教育阶段，广度比深度更重要。

人生真正决定方向应该是进入职场时，之前的一切都是在做储备。一个人在职业上能达到什么样的高度，或者说在其工作的专业领域能达到什么样的深度，跟其之前的广度有很大关系。我常常跟家长说，那些读书时代学业顶尖的学生，往往因为过于专注学业而知识面狭窄，导致广度缺失，等长大进入社会后，面对宽广的世界，反而无法找到自身的位置。而那些读书时代精力不那么集中的学生，却因为尝试体验不同的东西，增加了人生的广度，在定下人生方向之后，反而能够专注于一点，产生惊人的爆发力，上演后来居上的好戏。

经历决定广度，体验决定深度。一位会拉小提琴的物理学家与一位会做很复杂的逻辑题的电影导演一样，都散发着迷人的魅力。教育的广度要求给学生以闲暇、自由与选择空间，让学生在各种不同的经历与体验中，触动兴趣的开关，发现自身的潜能，确定未来的目标，最终实现教育的深度。

"世界广度，中国深度"，这是中欧国际工商学院倡导的理念。对于今天的中国基础教育来说，这句话应当同样适合。

2015 年 2 月 15 日

学校的基因与气质

一

晚上回家的路上，车载收音机里流淌的是经典音乐频道的旋律，那是一首老歌《你把我灌醉》，黄大炜的嗓音浑厚中带着一些沙哑。和大多数人一样，我在学生时代喜欢很多流行歌星，但并不包括他，至今听他演唱过的歌曲也就这一首。第一次听《你把我灌醉》是在大学的宿舍里，"你把我灌醉，你让我流泪，扛下了所有罪，我拼命挽回……"犹记得唱歌的人是一位住在隔壁寝室的同学，声音激昂，旁若无人，而每次反复吟唱的几乎就是这一段，大约也是在借机抒发自己内心的情感吧。

我是一个相对比较内敛的人，在公共场合不喜欢大声说话。上大学的时候尤其内向，上课几乎很少举手发言。工作之后因为从事教育行业的缘故，才逐渐打开自己。这位唱歌的同学个性奔放，敢爱敢恨，敢作敢当，我们后来成了很好的朋友。让我意外的是，我发现，我几乎所有比较好的朋友都属于这种性格类型。

二

人的气质类型各不相同，古希腊医师希波克拉底认为人体内有四种体液，分别是血液、黏液、黄胆汁和黑胆汁，这四种体液在人体内的比例不同，就形成了人的不同气质：胆汁质、多血质、黏液质和抑郁质。希波克拉底生活在公元前 5 世纪，直到今天他的学说依然有他的道理。例如，我分析自己的性格就属于黏液质，我那位唱歌的同学应属于胆汁质。

气质是先天的，例如，婴儿在很小时就表现出不同的人格特征，有的婴儿安静，有的婴儿好哭，有的婴儿暴躁，有的婴儿胆怯。美国人格心理学家奥尔波特认为，气质、智力与体质是构成人格的三个组成部分。气质是个人情绪本质的特有现象，属于器官的遗传特质。

但是气质似乎也受环境和教育影响，是可以改变的。否则便无法解释通常接受过艺术熏陶的学生气质都相对比较好，大户人家出来的孩子大都气质不凡。

《三国演义》里有一个有名的故事：匈奴使者来见魏王曹操，曹操觉得自己相貌一般，不足以震慑使者，于是请出当时的美男子崔琰，命他假扮自己，曹操本人则提刀立于坐榻旁边，装作侍从。接见完毕后，曹操派人打探匈奴使者对其印象如何。得到的回答是："魏王俊美，丰采高雅，而榻侧提刀的那个人气度威严，非常人可及，是为真英雄也！"曹操的帝王气质由此可见一斑。曹操常年位居高位，挟天子以令诸侯，自然器宇轩昂。

三

最近看到一篇报道，讲的是一些贪官在位时常常气质不凡，身陷囹圄之后，再出现在公众面前时，完全像换了一个人。由此可以推断，一个人的心态对气质影响极大。

基因就不同了，基因与生俱来，像是密码一样，写在我们的人体细胞中。对于基因，我们只有无条件地接受与传承而无法抗拒。当然，现代基因技术已经取得重大突破，未来人类若能通过技术手段改变自身基因，将会对人类的命运产生重大影响。

一个人的基因不能更改，气质却可以缓慢改变。在芸芸众生中，不同的基因与气质让每一个人都与他人有所区别，也让每一个人都与众不同。

四

组织也有自己的基因与气质。

我认识一些公务员朋友，其中一些人仕途很顺利，年纪轻轻就有很高的职位。在与他们的交往中，我发自内心地认为他们是同龄人中的精英，无论是学识、人品、智商、情商还是勤奋程度，都让我叹服。如果换一个领域，辅之以机遇，他们定能做出不凡的成就，成为那个领域的大家。但是他们选择了从政，这是一条挑战更大的道路，即便有所收获，按照古人"立功、立德、立言"的说法，他们的牺牲也更大。

有一次，我问一位从政的朋友为什么政府采购项目往往效率更低，成本更高。他回答我，这是基因决定的，不是个人的基因，是制度的基因，机构的基因。而这个基因，个人根本无法改变。我一开始不太能理解，在读了吴思的《潜规则》后恍然大悟。原来基因在组织之间也能传承，概因人性如此，千年不变尔。

五

组织的气质却另有些奥妙。古人说，龙生儿子，各有所好。一个家庭里的子女虽有共同的父母，气质却往往迥异。由此看来，气质与基因完全是两回事。

《亮剑》的主角之一李云龙有一段经典台词，讲的是一支部队的气质。在一个大礼堂中，他面对数百名军事将领进行演讲。他说，任何一支部队都有自己的传统，传统是什么？传统是一种性格，是一种气质，这种性格和气质是由这支部队组建时，首任军师首长的性格和气质决定的。他给这支部队注入了灵魂，从此不管岁月流逝，人员更迭，这支部队的灵魂永在！

对于一个组织而言，除了一把手之外，初创期的所有骨干成员都对这个组织的气质有或多或少的影响。例如，一个组织的领导班子若不团结，主要领导之间钩心斗角，那么即便领导更替，这种气质仍旧存在，会给继任者带来很大的困扰。

六

华东师范大学教育学部原主任袁振国在 2015 年《上海教育》新开设的"振国新视野"栏目发表了一篇文章《学校教育需要进行一场结构性变革》，文章以田忌赛马和石墨与钻石的结构差别为例，说明结构性变化的神奇。袁振国提到的教育领域的结构性变革有，课程的结构性变革：从统一到选择；教学的结构性变革：从被动到主动；评价的结构性变革：从单一到多元；活动的结构性变革：从学科的延伸到社会性协作。

在我看来，以上结构性变革不是气质的变化，而是基因的重组，是一种颠覆性的变革，完全实施绝非易事。

今天政府提倡教育的均衡化发展，也是源自基因需求。教育作为公共服务，必须为老百姓提供合格的教育产品，然而今天老百姓远远不满足于合格，他们对教育的期待是优秀乃至卓越，因此择校热愈演愈烈，出国潮也是风起云涌。解决这一问题的出路在于开放更多的教育市场，鼓励更多的社会贤达人士来办学。

七

一个一年级的学生报名参加朗诵比赛，在家里练习老师分配给他的诗《假如我是一支粉笔》。其中有一段是这样的:"假如 / 我是粉笔 / 我会很乐意 / 牺牲自己 / 让老师在黑板上写字 / 让同学在黑板上画画 / 我不需要你们保护 / 但求你们不要让我 / 粉身碎骨。"孩子爸爸听到后大怒,让儿子第二天去学校告诉老师不要做粉笔。这位爸爸自己也是一位诗人,叫作北岛,曾写出"卑鄙是卑鄙者的通行证,高尚是高尚者的墓志铭"。

知名网友"雾满拦江"以此例撰文讨论今天的大多数道德问题其实是社会资源配置问题。就如同一群人等公交车,车少人多,车来了,你如果稍微谦让一些就永远挤不上去,而且,后面的人还会嫌你碍事。

今天,中国教育的问题还是优质教育资源的短缺。为什么大家这么焦虑,要上名校,上名牌大学,找好工作?因为僧多粥少,竞争激烈。中国的传统文化又十分重视教育,全家举债供孩子读书的例子层出不穷,这是基因层面的问题,的确与道德、气质等无关。

八

我庆幸的是平和双语学校作为一所民办学校基因不错,由国企全额投资,这就决定了学校的非营利属性。有一些民办学校从诞生之日起一直处于资金缺乏的困扰中,这是由其私人老板投资的基因决定的,学校从一开始便是作为一个产业而不是公益项目来经营的,由此带来的很多矛盾也就无法解决。

平和双语学校的气质同样让人庆幸。当年平和的初创者可能并没有意识到他们对这所学校的气质产生的影响,当平和围绕着校名形成的"平而不庸,和而不同"的校园文化得到大家的一致赞赏时,它的气质已经生根,浸入骨髓了。

曾经有人这么评价平和的学生:从容、淡定、不功利,人如校名。这是对学校教育的高度肯定。有人说,母亲情绪平和,是对孩子最伟大的教育。家庭教育如此，学校教育亦如是。

九

一位初三的学生打算去国外念高中，开始着手准备。因为之前的计划还是在国内读高中，因此在英语方面有所欠缺，仓促间考了一次托福，只有 70 分，要申请美国好的高中明显没有竞争力。几个月之后，这名学生的父亲专程到学校来拜访我，告诉我他女儿申请学校的情况。

"她面试了八所学校，至少在我们知道的面试学生中，她的表现是最好的。"他很高兴地说。

我真诚地表达了赞美与祝福。

"和我女儿一起办理申请手续的还有一个来自外省的女孩儿，她的托福考试成绩有 100 多分，可是她的家长却很羡慕我的女儿。他们说，成绩和技能是可以短时间内提升的，气质却不行，气质需要长时间的培养。果然，我女儿强化了两个月，再去考托福，就过 90 分了。"他说。

我对这届初三的学生并不十分熟悉，也并没有觉得这女孩儿在同伴中特别突出。家长的反馈让我意识到，学校的气质是多么重要。

十

美国教育学者莉莲·卡茨（Lilian Katz）教授认为，任何一项学习都包括三个层面的活动：知识、能力和气质。前两者是公认的，气质说却是独辟蹊径。以读书为例，孩子在这一学习过程中除了有知识和能力层面的收获之外，在气质层面所获得的灵感启发以及由此产生的精神愉悦可能更为重要。经过大量的实证分析，卡茨得出结论：学习活动的三个层次中，气质是教育的终极目标，也是最重要的目标。卡茨将气质定义为"相对稳定的思想意识的习惯"。

教育的终极目标是培养气质。这是一个多么令人振奋的任务！它似乎有些虚幻，却又那么真实，如同晴朗夜空中的明月，照亮夜行人的道路。

2015 年 3 月 11 日

第二辑　教育的不同

人与事

一

对人还是对事？所有的管理者都曾面临过这个问题。

对事不对人作为管理学的经典定律，强调的是一种公平的原则。在一个组织内部，员工与管理层之间的关系总有亲疏远近，按照组织行为学的理论，分别存在着内群体与外群体。内群体更靠近管理核心，是组织的核心团队；外群体则比较缥缈，对组织公平的需求会更加强烈。

然而，在具体情境中，"对事不对人"常常呈现出一种理想状态。当有人跟你说"对事不对人"时，潜在的意思已经十分明显，事情是人做的，对事，就是对人，表面上对事，实际上对人。因此，说这话时，就已经是此地无银三百两，你若计较，便是隔壁王二不曾偷。

二

于是，有些企业管理者便公开提出"对人不对事"的观点。在我看来，对人不对事的理由至少有以下两点。

首先，西方的管理文化应该是支持对人不对事的。错就是错，对就是对，违规就是违规，一切由制度说话，不会有什么疑问。中国却是一个人情社会，凡事讲关系，是非曲直往往不是那么明晰。按照台湾学者曾仕强的观点，除了黑白之外，更多的处于灰色地带，无法简单判断对错。

其次，从长远来看，我觉得管理者还是应更多关注人。就像我以前做班主任的时候，曾发现一个现象：孩子的感性多于理性。孩子上你的课时不认真，你若就事论事批评他，根本不会有什么效果；你若换一种策略，感化他，他对你的情感改变了，喜欢你了，亲近你了，自然会喜欢这门学科，从而提升学习成绩。表面上看对人，实际上也改变了事。

三

然而，对人不对事终究感觉不那么靠谱，而且很容易走偏。

前段时间媒体曝光了一些政府部门"门难进，脸难看，事难办"，便是对人不对事的典型例证。同样的事情，要看对象是谁，如果是熟人，一路绿灯，违规也给办；如果是老百姓，百般刁难，能办也不给办。

很长时间以来，公务员群体眼里只有领导，没有群众，虽然也做事，但还是以让领导满意为目的。新一届中央政府强调走群众路线，正是顺应民心之举。对于公务员来说，既然是为人民服务，还是应该心中先有群众，再有领导。

在这种情况下，其实更应该强调对事不对人。

四

"作为一名管理者，在即将离开团队时，最让你感到自豪的是什么？"

提出这个问题的是一位管理学的教授，提问的对象是参加他主讲的管理学培训的高管们。教授说："假设你退休了，你的团队成员给你送别，你该如何回答这个问题？"

每一个人都在模拟这个场景，内心也很快有了答案。

教授说："在座各位的答案大体可分为两类，一类是说做了一件什么样的事，另一类则会说诸如'我最自豪的就是你们这支团队'之类的话。前者的关注点是'事'，后者的关注点是'人'。"

"第一种我们称之为任务型的领导，第二种则是关系型的领导。"教授总结说。

五

任务型与关系型有优劣之分吗？所有人旋即生出这个问题。教授让他们发现了自己的管理类型，却也让他们内心忐忑起来。

答案是——没有。

教授说，管理风格本身没有好坏之分，但随着组织环境的变化，不同的管理风格会产生不同的效果。如果将组织的外部环境分为"坏""不确定"与"好"三种类型，那么，任务型的管理风格往往在外部环境为"坏"与"好"的时候效率最高，而关系型的管理风格则在外部环境"不确定"时最为有效。

当组织的外部环境很糟糕时，需要强有力的领导，以任务为导向，带领大家走出困境；当组织陷入不确定的环境中，或者说组织中的人迷失方向时，管理者的关心与呵护可能就显得更为重要；而当组织取得很好的成绩时，人会容易自我满足，而不愿意突破创新，此时任务型的领导更能够带领团队迈向新高度。

六

任务型的领导关注的核心是"事"，关系型的领导关注的核心是"人"。前者也关心人，但最终还是为了事，后者也关心事，但最终还是回归到人。整体而言，管理者的类型很难改变。教授说，这与人自身的性格有关。所谓"江山易改，本性难移"。如果一个人属于任务型，他很难转变成一个关系型的领导，除非他自身的性情发生重大改变。

"那么，如果你发现你的管理类型与组织的环境并不匹配怎么办？"这是教授紧接着抛出的一个问题。

答案很简单——分享领导权。真正成功的领导往往不是由一个人完成的，而是一个领导团队。在这个团队中，有各种不同领导风格的人存在。当组织需要某种特定的管理风格时，派他出场就行了。

七

最睿智的人总是能够把复杂的问题简单化，就像这位教授做的那样。为了说明这个问题，他还举了一个例子。

有一天，他读了一本著名管理学杂志的一篇文章，勃然大怒。在怒气中，他直接把那本杂志扔到垃圾箱中，而且发誓几年内不再读那本杂志。那篇文章只讲了一个观点：在现代社会中，父亲的角色已经不再重要。

父亲的角色怎么可能不重要？教授仍然很生气，美国如果衰落的话，家庭的解体可能会是一个很大的原因。那么多的孩子生活在单亲家庭中，只有母亲，没有父亲。而美国的青少年犯罪就集中在这部分问题孩子身上。

父亲、母亲加上孩子，这是人类社会几千年来进化的结果，是保证孩子健康成长的最合理的家庭结构。父亲和母亲在孩子成长过程中所扮演的角色是不同的，父亲通常是任务型，母亲通常是关系型，也就是中国人常说的"严父慈母"。

"你能指望一个人晚上严厉地批评不做作业的孩子，甚至动手打他，而一转眼又抱着他上床，睡觉前还亲吻他吗？"教授问。一个单身母亲很难做到这些。否则，她的人格会分裂的。

八

人浮于事，问题在人，影响的是事；息事宁人，问题在事，影响的是人。人与事相对独立，却总是交织在一起，古往今来的各种管理学理论，试图覆盖的便是人与事的坐标平面。

曾任 IBM 总裁的路易斯·格斯特纳（Louis Gerstner）曾经说过一句很经典的话：人们不会做你希望的，人们只会做你检查的。基于此逻辑，我们可以想见，IBM 必定重视制度、流程、检查。相信良知，不如依靠制度，这是 IBM 的文化。这是典型的任务型的管理方式。

任务型的管理者，最著名的当属美国通用电气公司前总裁杰克·韦尔奇（Jack Welch）。作为一名工程师，韦尔奇从底层一路走来，非常清楚通用电气这样一个大企业的官僚习气，因此，一朝大权在握，他便实施强硬管理，下决心要让官僚作风在通用电气没有藏身之地。在他的评价体系里，每一年都要有 10% 的员工得 C，而得 C 的员工必须离开通用电气。依靠如此强势的管理，韦尔奇建立起了强大的通用电气帝国。

美国西南航空公司的做法与通用电气截然不同。这是一家以低价竞争为策略的航空公司，取得了巨大的成功。即使是在 9·11 之后全行业亏损的情况下，西南航空仍能保持盈利。这是因为尽管竞争对手可以模仿其低成本的竞争策略，但是其企业文化却很难复制。总裁赫布·凯莱赫（Herb Kelleher）信奉的价值观是"员工第一"。他相信，只有公司全心全意地对待员工，员工才能全心全意地为顾客提供服务。西南航空多年来连续被《财富》杂志评为全球最令人羡慕的公司，更重要的是，几十年来，西南航空没有解雇过哪怕一名员工。这是典型的关系型的管理方式。

再来看看小米手机。成立后短短 3 年时间，销售收入突破百亿元；2012 年，销售手机 719 万台，实现营收 126.5 亿元。创造奇迹的小米公司依靠的是怎样的管理哲学？小米科技创始人、董事长雷军说，他

80%的时间都用来找人，一旦找到合适的人，就会千方百计劝说他加盟。公司的管理方式很简单，除了7个创始人，其他人都没有职位，都是工程师，公司实施扁平化管理，从上到下总共就三层。成立3年来，小米公司实施每周工作6天，每天工作12小时的管理制度，却从来不要求员工打卡，也不需要考勤。这在那些重视制度建设的管理者看来，简直不可想象，小米却做到了！

九

我所住的小区门口有一家理发店，我常去理发，后来干脆办了一张会员卡，因为可以打折。后来我搬家，也去过另外的理发店，最终还是回去，成为最早那家理发店的忠实顾客。

我的理发师是这家店的店长，几年前他和几个合伙人一起把这家店盘下来，之后，店里的生意有了明显的起色。他常常教育跟着他的学徒：先做人，后做事。人做好了，事情才能做好。人若做不好，做事的机会可能都没有。

每次说完这话，小徒弟都会给我的头皮按很长时间，按得我很舒畅，觉得物超所值，然后就会买店长推荐的头皮护理套餐。

十

我听过这样一个管理小故事：

某夫人到医院看病，鼻青脸肿，称其丈夫酗酒后打她。

医生为她提供了一种神奇的"药茶"，并告诉她，她丈夫喝酒回到家后，她要一直用这"药茶"漱口，直到其丈夫上床睡觉为止。只要按照医嘱去做，一定有奇效。

该女士将信将疑。一日，其丈夫酗酒后回家，女士赶紧拿出"药茶"不停漱口，直到丈夫在床上睡着为止。

数日后，该女士到医院复诊，红光满面，气色极佳。称神奇"药茶"真的有效，丈夫果真不再打她了。

医生窃笑：看看，男人喝醉后，女人保持沉默是多么的重要！

在人力资源管理中，这算是一个"错层思维"的典型案例，其目的是控制人，采用的方式却是控制像漱口这样的事。管理者所要做的，是在合适的人与合适的事之间建立连接。

我想起了几年前教育界曾讨论过的班级管理的一种方式——全员班干部制。班主任给班级里所有的学生都分配了任务，并封了官，负责关门的叫门长，负责关窗的叫窗长，负责关灯的叫灯长，负责浇花的叫花长。每个人都有事可做，班主任控制了这些事，也就控制了这些人。

可问题是，如果目的是控制，无论是控制人，还是控制事，无论是做教育，还是做管理，思维的境界都不能算高。

十一

从某种程度上来说，管理原则就如同兵法一样，即便你熟读兵书，倒背如流，真正上了战场，还是可能一败涂地。

临江布阵，已是兵法大忌，还要破釜沉舟，便是根本不给自己留退路。韩信反兵法而行之，果然置之死地而后生，大破楚军，帮助刘邦成就霸业。

后人也有学韩信的，却不一定成功。马谡和张灵甫都是胸有韬略的人，却不约而同地把部队驻扎到了没有水源的高处，以为可以置之死地而后生。结果呢？基本上全军覆没。

十二

三国人物中，我最羡慕的人是刘备。

要说刘备有什么本事，除了脸皮厚、会哭、能忍，其他都不怎么出众。但刘备做了一件大事，那就是三顾茅庐，请出诸葛亮。诸葛亮出山的那一天，三分天下的格局就形成了。

无论是古代还是现代，国内还是国外，所有有作为的领导都只做两件事，一是决策，二是用人。前者是目标，后者是让哪些人去实现这个目标。

像刘备这样运气好的，只需要做一件事：用人。因为诸葛亮连决策的事情都替他干了。刘备只有一次不听劝，非要替关羽报仇，结果火烧连营七百里，他自己也死在白帝城。

十三

《基业长青》与《从优秀到卓越》的作者詹姆斯·科林斯（James Collins）十分推崇"先人后事"的原则。他的观点是，传统理论认为，组织应该先确定目标，然后寻找合适的人来做。而真正有效的做法是，先寻找优秀的人，然后那些人会告诉你应该往什么地方去。

因此，寻找合适的人应该是组织的第一要务。所有的制度都是用来约束组织中的平庸之人的，而对那些真正优秀的人才反而会有所伤害。如果组织中充斥着繁文缛节，优秀的人才必然会逐渐离开，平庸的人比例会加大，管理者就会更加感觉到制度的重要性，这是一个恶性循环。

我们不应该考虑用什么方式奖励，我们应该考虑奖励谁。真正优秀的人才不会因为外部奖励的变化而改变他工作的方式，对他们来说，最好的奖励是工作中获得的成就感。

十四

是不是可以这样说，以人为中心的是领导，以事为中心的是管理？

似乎有点儿道理，因为领导可以超脱，管理却要面对琐碎；领导者可以不管具体的事，管理者却要处理形形色色的事。

更重要的是，人需要的不是管理，而是激励，无论是企业的员工还是学校的学生，皆是如此。

找对人，做对事；跟对人，做对事。领导也好，教育也好，在真实的世界中，总是要保持人与事的某种平衡。而人的作用，永远不能够忽视。

在那次培训的最后，管理学的教授给我们看了一段录像。作为任务型领导代表人物的巴顿将军，一向铁腕治军，在下属面前总是不苟言笑。一次战斗后，他到战场上视察，他的那支部队遭到伏击，但是战士英勇不屈，战斗到最后与敌人进行肉搏，场面极其惨烈。在一片肃静中，巴顿将军走到身负重伤的指挥官面前，弯腰在他的额头上亲吻了一下。

"看，任务型领导也有重视关系的一面。"教授说。

2013 年 10 月 27 日

标准与融合

一

著名学者钱文忠国学功底很深，时常发表对教育的观点。近期，他在《新民周刊》上发表文章，表达对中国教育的看法。其中说道："凭什么教育是快乐的？我实在想不通，教育怎么一定是快乐的？教育里面一定有痛苦的成分，这是百分之百的。我们凭什么对将来要接替我们的子孙让步，我想不明白。"钱文忠不但对当下流行的"赏识教育""成功教育"不赞同，还大谈惩戒的必要。他说，如果他儿子的班主任在他儿子淘气的时候揍他一顿，他不但不生气，还会很感激。钱文忠对教育的态度这些年始终如一，虽然和主流舆论不符，倒也是真性情。

钱文忠把孩子交付给学校老师并嘱托他们可以打，这种做法并不新鲜。多年前我做班主任，也有家长这样拜托过我，不过，这样的家长大多文化程度不高，用今天的词语来描述，就是"土豪"。"土豪"也有一颗中国心，深受中华文化的熏陶，懂得尊师重道，把教师的地位尊奉得比父母还高。

教育究竟是快乐的，还是痛苦的，这是当今中西教育理念分歧最大的一点。中国传统文化中一直强调学习是痛苦的，正所谓"学海无涯苦作舟"。为了鼓励读书人克服困难，坚持到底，便忽悠他们"书中自有黄金屋，书中自有颜如玉"。说到底，还是因为读书太枯燥，十年寒窗苦，不但需要智力，还需要体力和毅力。不仅是读书，各行各业，若要出人头地，都需要吃苦。我小的时候，大人们总是说"吃得苦中苦，方为人上人"，虽极具功利色彩，却也的确激励人。

快乐教育的理念源自西方，当然，也有我们对自身教育现状不满的缘故。一方面，我们羡慕西方的科学技术成就，总觉得这跟教育一定有关系；另一方面，我们自己的教育却走向了应试的极端，现在的孩子们读书比以前的我们还要辛苦，让"80后""90后"甚至"00后"压抑个性、忍辱负重的确也行不通了。钱文忠对"快乐教育"的质问适逢其时。我们是否想清楚了，教育和学习真的是快乐的？

有人把中国教育形容为"食指教育"，把西方教育形容为"大拇指教育"。食指是用来指责的，大拇指则表示鼓励。乍一看，大拇指是比食指强，但别忘了比尔·盖茨对青年学生的忠告："在学校里，你考第几已不是那么重要，但进入社会却不然。不管你去到哪里，都要分等第搞排名。"孩子无论做什么教师都竖大拇指，对于那些缺乏信心的孩子来说，是很好的鼓励，但另一方面，是否也说明教师心里根本就没有标准，或者标准太低？

二

如今这个社会，各行各业都充满竞争。我们现在更强调合作，那是因为竞争越发残酷，孤胆英雄式的人物已很难取得成功，以团队为单位竞争，才更可能获胜。合作还是为了竞争。十八届三中全会之后，中央政府强调以市场为导向，深化改革，其实质是什么？增强竞争力。

2012年国际学生评估项目（PISA）的结果出来之后，西方的教育者很恐慌。因为今天的教育就是明天的经济，中国的教育这么强，上海连续两届独占鳌头，不但遥遥领先，和第二名的差距还在拉大，西方的教育者都担心他们的下一代无法与中国的下一代竞争。这个担心并非是没有缘由的。

我曾在纽约一所高质量的高中访问，和数学教研组的老师们待了一周。他们告诉我，现在学生高中毕业标准越来越低。一份数学试卷，100道选择题，只要得60分就能毕业。题目很简单，我看了一下，大约相当于上海学生初一初二的水平。但问题在于，得到60分并不是指答对60道题，他们给我出示了一个评分表，原来拿到60分只要答对33道题即可！美国高中的数学老师对此可谓痛心疾首，却也无可奈何。

联想起这些年我在上海初中数学教学中的经验，随着课程改革的深入，学科的难度总体是在降低的，内容是在缩减的。生源锐减，学校招生数却在扩大，只有一种可能，那就是降低录取标准。

三

说起标准，我的一位朋友是这样理解的：标，就是底线，准，就是刻度。这个刻度，当然得是底线之上的。

这个理解挺有道理。在很多领域，尤其是在生产技术领域，标准相对容易制定，但在更多的领域，标准就是一个空泛的东西。例如教育，有标准化的教育吗？没有。这时候，标准就变化为一种原则，或者理念。大家做法相悖，缘于理念不同，而理念上的差异，又因为各自的价值观与信仰不一致。

有一个笑话是讲禅学之道的：两个小和尚甲和乙因为一个问题争执，到老和尚面前评理。甲先说了一番，老和尚点点头说，你讲得有道理。乙把他的观点也阐述了一遍，老和尚点点头说，你说得有道理。两人走后，旁边的小和尚丙想不通了，问老和尚，两人明明意见相左，怎么会都有道理？老和尚听完点点头说，你说得也有道理。

小和尚丙会不会糊涂？当然糊涂。要是钱文忠在场，他会大喝一声，好你个捣糨糊的老和尚，真是误人子弟啊！

四

老和尚是出世修行之人，与世无争，连肉身都能从精神上切割出来，自然犯不着执着于那些俗事。我们普通人只能做入世的修行，心中还是要有标准。

中国人对教育一直是有期望的，有期望就说明有标准。而且这个标准还很高，自古以来，"望子成龙、望女成凤"便是传统人家对子女读书的期盼。一个孩子考上名牌大学，会成为整个家族的荣耀，也会成为同龄人的榜样。驱动中国教育应试车轮的，其实并不是学校，也不是政府，而是家长，以及由每一位家长及其子女组成的社会。这便是理论界一直呼吁减负、快乐、自由、轻松，孩子却依然痛苦的根源。那么大的教育培训产业，还不是靠家长们前赴后继、自觉自愿地大把大把从腰包里掏钱出来支撑的？

钱文忠的观点在今天的舆论环境里，显得有些刺耳，不合时宜。然而，愿景向左，现实在右，放眼望去，寒暑假"顶风作案"、巧立名目给学生集体补课的学校还不在少数，因为学习压力大而选择轻生的悲剧，仍时有耳闻。这是一个教育的"乱世"，越是在"乱世"，心中越是要有标准。

五

行万里路，读万卷书，是古人推崇的两种学习途径。我身边的教师喜欢前者的居多，一到假期，他们便组织旅游。相对而言，喜欢读书的人少，尤其是在智能手机泛滥的时代。以往在地铁里，不少人都带着一本书看，现在呢？几乎人人都在低头玩手机。

在我看来，如果不喜欢阅读，旅游多半只是到此一游而已，如同有人调侃的，"从自己待腻味的地方到别人待腻味的地方"。如果真的能静下心来，阅读也是一种旅行，是跟着作者的文字做一次思想的旅行。当然，如果既能够阅读，又能够旅行，像余秋雨先生那样，行文化之旅，那便完美了。

旅游也好，阅读也好，主要目的在于开阔自己的视野。开阔视野的好处是，你自然而然会在心里形成标准。见过真正好的东西，你就不会傻乎乎地为平庸喝彩了。

六

有人问我一个问题：是让教师永远待在一个年级好，还是让教师走一个大循环，以小学教师为例，从一年级一直带到小学毕业更好？

前者的好处是，教师可以更聚焦，更专业，对这个年龄段的孩子了解得更深刻，对这个年级的教材更熟练，从而教学效率会更高。

后者看起来对教师的专业成长帮助更大，对学生的帮助有时候便不那么精准。

我的结论是，如果可以让教师大循环，尽量这么做。待在一个年级时间长了，教师会成井底之蛙，最终受伤害的还是学生。

如果允许，教师们甚至可以尝试体验从教幼儿园到教大学的整个历程。一个教过大学生再去教幼儿园的老师，与那些只教过幼儿园小朋友的老师相比，心中的标准自然不同。他见到了结果，自然知道过程中哪些更重要，哪些不重要。

七

有一句话，叫作"男孩儿要穷养，女孩儿要富养"，正所谓"从来富贵多淑女，自古纨绔少伟男"。

男孩儿要穷养，是因为他将来要承担家庭责任，买房买车。养家的男人好辛苦，小的时候要多受点儿磨难。女孩儿就不同了，将来是要做太太的，一定要嫁个好人家。富养的目的，是要她从小多长点儿见识，可不能让一个穷小子用一根棒棒糖就哄走了。

因此，富养就是让女孩儿建立一个较高的择偶标准。父母即使家里穷，对女孩儿也得投入一点儿血本，以便将来钓得金龟婿。

但是，如同一枚硬币有正反两面一样，穷养与富养也都各有其弊端。穷养的孩子，会养成勤劳、俭朴、自律、务实的习惯，但在与人相处时，会过分严谨、算计乃至抠门，不懂享受生活情趣；富养的孩子，极易形成骄娇二气，以自我为中心，主观、任性，注重享乐，不能勤俭持家。

男孩儿穷养、女孩儿富养最大的悖论在于，当穷养的男孩儿遇到富养的女孩儿，会有美满的婚姻吗？我看危险。

抛开上面这个问题，我觉得其实我们更要关注的是精神与物质，物质上适度穷养，精神上尽量富养，也许才是更合理的做法。眼界开阔了，精神富足了，对于物质与婚姻幸福自会有自己的判断标准。

八

标准并不是一成不变的，换另一个角度，标准就是用来打破的。我读日本经营之圣稻盛和夫的故事，就深切地感受到这一点。

稻盛和夫在创办最终成为世界五百强企业的京瓷公司之前，曾在松风工业工作过一段时间。那段时间，稻盛和夫攻关的是陶瓷零件，这与他大学所学专业无关。作为一名新手，稻盛和夫进入一种疯狂的学习和研究状态，最终克服重重困难，开发出一种叫作"镁橄榄石"的新型陶瓷材料。

稻盛和夫在回忆这段经历时说，他刚开始进行研究时，是在强迫自己；后来开始喜欢它，积极主动地投入工作；最后，他超越喜欢与不喜欢的层次，而认识到这份工作自身的意义与价值。因为缺少相关知识，稻盛和夫得从头学起，却反而可以不被现有的研究成果和理论束缚，进而突破一些条件的限制自由想象，大胆创新，进行更加深入而本质的思考。

所谓创新，也就是打破原来的标准，创建自己的标准。今天，我们注重内心的标准，但决不可执着于它，而要随时做好更新升级的准备。

九

坚持原有的标准，同时不断融合新技术与理念，这才是我们应有的态度。

令人欣慰的是，高标准、高度融合正是中国传统文化本来就具备的特征。我们善于将人类文明的一切优秀成果融入我们的文化中，这是中华文化历久弥新的法宝。因此，在这里，我要挺一挺钱文忠，再国际化，再现代化，传统的东西不能丢——丢失了传统，我们也就失去了一切。

2014 年 3 月 9 日

恩与威

一

在一次讲课时，我请听课的班主任们提问，有人站起来说：大学里学的那些教育理论一点儿用也没有，例如，说只要对学生有爱心就会有回报，可实际情况呢？往往是凶的老师班级管理得更好。

她的话引起很多人的共鸣。我告诉她，作为教育工作者，没有爱心是万万不行的，但是，只有爱心也是远远不够的。我给在场的教师们讲了少年康熙的一个故事。

二

康熙 8 岁登基，14 岁亲政，在位 61 年，是中国历史上在位时间最长的皇帝。历史上年少登基的皇帝常常不得善终，因为宫廷斗争太残酷，小皇帝往往还没长大就被废掉甚至害死。康熙也不例外，他的身边强敌环伺，危机四伏，而他最终能够化险为夷，把主动权掌控在自己手里，其雄才大略与智谋决断非常人所能比拟。下面这个故事的真实性有待考证，不过很能说明问题。

清朝自顺治帝始，就确立了太监不能干政的政策，道理很简单，清朝统治者认为明朝灭亡的一个重要原因就是太监权力太大。康熙亲政后，也坚定地执行这项政策。一次，康熙在后宫接见一位大臣，两人在议事时谈到扬州知府，身边的一名太监突然插了一句"扬州知府不错"。康熙听了之后，脸色一沉，随即命人将那个插话的太监拖下去，重打二十大板，那个太监屁股被打得皮开肉绽，被抬回后宫去了。太监干政是什么结果？康熙让所有人知道了答案。那个太监不是旁人，而是康熙从小的玩伴。他受了别人贿赂，想在皇帝面前替扬州知府美言。没想到自以为抓住了时机，刚一开口，便招来灾祸。趴在自家床上，又是悔恨，又是疼痛，又是怨恨，又是羞愧，一边哀号，一边百感交集。没想到，一个人悄悄走进他的房间，拿出金疮药，替他涂抹伤口。他回身一看，竟是少年康熙皇帝。他挣扎着要起来，康熙将他按住，眼中流出泪来，说："大伴，我这个皇位，不知有多少人盯着。今日我若不如此处置，性命难保。我何尝忍心打你，实在是不得已啊，你若不理解我，天下就没有人能理解我了！"

康熙小小年纪，竟有如此手段，的确天赋异禀。用一个成语来形容他的做法，叫作"恩威并施"。

三

历来强势而成功的领导者，都善于恩威并施。恩与威，是互为依靠的两极。恩是恩慈，是柔，是爱心；威是威严，是刚，是严厉。单独的恩与威都有一定的功效，但只有恩与威放在一起才能极大地彰显各自的价值。

换言之，当有了威，恩才备受珍惜；而恩的存在，也使得威更趋合理，更能够被接受。

《三国演义》中，马谡失了街亭，诸葛亮挥泪斩马谡。此案例之所以经典，在于恩和威在其中都被做到极致。马谡是马良的弟弟，马良很早就投奔刘备，马良早死，马谡很小就受到关照。马谡有才华，诸葛亮平定西南孟获，马谡献计"攻城为下，攻心为上"，深得诸葛亮赞赏。诸葛亮出兵打仗，一直将马谡带在身边，两人经常一聊就一整天。马谡下狱后，许多人为其求情。天下未定，良将难求，于公于私，诸葛亮都不想杀。然而，诸葛亮权衡再三，还是痛下决心。在回答蒋琬的疑问时，他说："四海分裂，兵交方始。若复废法，何用讨贼？"在其内心的天平上，法制终是超越了人才。马谡死前，诸葛亮与其有过谈话，把他家里的事情安顿好，把马谡的儿子收为义子，同时上书刘禅，自贬三级。

谁能够想象诸葛亮在马谡临死前与他在狱中的交谈？我能够判断他在去往监狱的路上心情是复杂的，离开的路上心情只怕更复杂。

四

戏剧作品中，能深刻揭示人生的往往是悲剧。因为人终有一死，因此人生就是悲剧。按照鲁迅先生的说法，所谓悲剧，就是把人生中有价值的东西毁灭给人看。其中有两个要素，一是美好，二是毁灭。这两者放在一起，其自身原有的功效便被成倍地放大。因为被毁灭，所以那些美好的东西才显得更有价值；因为美好，所以毁灭才显得更为残酷。幼稚天真的人常常有"美好"的愿望，希望美好永存，厄运不再，但若是美好的东西没有被毁灭的可能，那么美好本身就不会被珍惜，美好的价值也不会得到体现。失去的总是最宝贵，那些司空见惯的东西，谁又会在乎呢？

因此，基于将我们施与学生的恩惠最大化的出发点，建立自己的威严与威信也是必需的。

五

我常常不能判断我的内心是柔软还是坚硬。有时候，我觉得我很强硬，遇强愈强，对于那些无礼者总觉得要给予惩罚；有时候，我又很柔软，甚至抱着"宁肯别人先负我，不要我负其他人"的心态行事。

有一段时间，我内心虚浮不稳，看不清楚未来，于是脾气暴躁，肝火很盛，对团队成员的一些瑕疵也常常恶语相向，最后被大家集体批评。那一刻，我突然意识到，一个外表很强势的人，其内心恰恰是虚弱的，就如我表现的一般。

民间有一句俗语，叫"会叫的狗不咬，会咬的狗不叫"，用在我身上当然不合适。不过，至少说明，我当时表现得那么咄咄逼人，其实内心并没有恶意。真正有恶意的人，可能表面上给人的感觉反而温情得多。

六

发自内心对学生好，是一种什么状态？

严格管理，凶神恶煞地逼迫学生，却跟他们说，你们现在恨我，将来是要感谢我的。是这样吗？

或者，温柔贤淑，含情脉脉，克制自己乃至牺牲自己，做那种感动中国式的楷模，最后积劳成疾，鞠躬尽瘁，让别人记挂、感动、怀念。是这样吗？

我原以为后者更高尚，后来读到对"唾面自干"的另一种解释，发现事情的真相远比看起来复杂。

"唾面自干"的典故出自唐代武则天时期，大臣娄师德的才能卓著，得到皇帝赏识，引人嫉妒，于是在弟弟赴外地做官时他忠告弟弟："我现在得到陛下的赏识，已经有很多人在陛下面前诋毁我了，所以你这次在外做官一定要事事忍让。"他弟弟表示接受，说："就算别人把唾沫吐在我的脸上，我自己擦掉就可以了。"娄师德说："这样还不行，你擦掉就是违背别人的意愿，要让别人消除怒气，你就应该让唾沫在脸上自己干掉。"

"唾面自干"于是被用来形容极度地委曲求全。但著名媒体人罗振宇却有另外的解读，他说，别人往你脸上吐唾沫，你自己擦掉低头走开就是了。不擦，等着唾沫自己干，还让其他人都看到，这是一种什么心态？是要让更多人知道自己受了极大的委屈。表面上看是隐忍，实则是报复，极大的报复。

七

对于领导与管理，老子在《道德经》里有过精彩的描述：

太上，不知有之；其次，亲而誉之；其次，畏之；其次，侮之。信不足焉，有不信焉。悠兮，其贵言。功成事遂，百姓皆谓"我自然"。

大概意思是：最好的统治者，人民并不知道他的存在；其次的统治者，人民亲近他并且称赞他；再次的统治者，人民畏惧他；更次的统治者，人民轻蔑他。统治者的诚信不足，人民才不相信他。最好的统治者多么悠闲，他很少发号施令。事情办成功了，老百姓说"我们本来就是这样的"。

也就是说，最好的管理状态，在于管理者的"不存在感"。庄子对此有进一步的阐述，他在《大宗师》中说："相濡以沫，不如相忘于江湖。"

湖泊干涸了，原先在水中嬉戏的鱼都被搁浅在了陆地上。它们快要干死了，相互之间吹出湿气呵护着，吐出唾沫湿润着，多么友爱！多有亲情！可是谁都不愿意这样，在它们看来，与其在干涸的陆地上如此友爱有亲情，还不如在江湖水中各自游走。

八

最好的状态，是让学生像鱼儿在水中一样，自由生长，逍遥自在。这才是人与万事万物的本真属性。

恩也好，威也好，都是浮云，不必过分强求。该施与恩惠的时候施恩，该树立威信的时候树威，不必刻意反对什么，也不必刻意追求什么，缘在则聚，缘尽则散。

我一直相信这个世界是平衡的，既没有无缘无故的爱，也没有无缘无故的恨。施与恩或威，如果以破坏自然法则为代价，造成自己或他人极大的牺牲，其结果一定是惨烈的。

用最新的能量学说来解释，这个世界是由能量构成的，能量永远保持守恒，因而我常常怀疑那些所谓师德典型。他们一心为公，对自己和家人则到了"自残"的程度，其实是不符合能量守恒定律的，毕竟大家都是血肉之躯啊！

九

拳头收得越紧，打出去越有力。反之，过于咄咄逼人，把对方逼到死角，一定会导致激烈的反击。

近期媒体广泛关注台湾学生集会反对两岸服装贸易，网上流传的一位父亲写给抗议女儿的一封信令人动容。信中的核心观点是：除了证明自己对之外，也要承认另一方也有对的部分。

这是一个彼此共存的世界。因此，如果能认识到宇宙的本质是平衡，进退自如，去留随意，而不强调一极，不用强，不发狠，那么，离真正的自由王国就不远了。

2014 年 4 月 19 日

教育的不同

　　这几年，出国读书的孩子越来越多，一些孩子甚至初中一毕业就出去。然而到了申请大学的时候才发现，即便是申请国外的大学，也是自己人和自己人竞争。原因就在于西方尤其是美国的大学实行多样性政策，好的大学对于亚裔、非洲裔、拉丁裔等学生的构成有一定的比例要求。第二年要招多少华人学生？先看看毕业多少，招生大概也就是那个数。因此，尽管中国（除港澳台）申请美国本科的学生这些年以几何级数增长，常春藤盟校在中国（除港澳台）的招生数却几乎不变，直接导致这些学校在中国的录取标准越来越高。

　　近期，美国加利福尼亚州（以下简称"加州"）的华人很是恼火，因为就在 2014 年 1 月 30 日，一位州参议员提出一项提案，要求限制亚裔入学。该议员认为加州大学系统的亚裔学生太多了，应当提高西班牙裔和非洲裔学生的入学比率。

　　此项提案最终是否会通过另当别论，尽管美国的华人已经联合起来在网上进行抵制，但美国大学招生时的多样性政策确实由来已久。我想，这个政策的初衷应当是为了让学生明白这个世界的本质是不同的，在承认不同的基础上学会理解与尊重他人。这是美国教育培养学生创新能力的基石之一。

　　钱学森之问提出后，创新缺失的根源在于教育已得到社会公认。一位大学教授说，中国所有的学校都是驾校，都是以通过考核为目的的培训。所以，教育部再怎么提素质教育都是扯淡，因为，就算你有些特长，有点儿素质，如果语文、数学、英语、物理、化学、政治、历史、地理这些学科的分数上不去，一切都是白搭。

应试教育的灾难性后果之一便是：那些没有受过教育的孩子，本来对世界充满好奇，喜欢阅读，善于想象，一旦接触应试教育，头脑僵化，思维局限，并且，终身厌弃读书。

那些最优秀的学生进入国内最优秀的大学，却很难取得最突出的成就。有人戏称中国的高等教育是"失去灵魂的卓越"，这个灵魂便是创新，中国的教育自幼儿园开始就是灵魂缺失的。

在当今的教育体系里，教育是行政化的，校长是上级任命的，是有任期的，往往也把自己当成官员。如此，千校一面、千人一面便是自然的结果。

行政化的管理有规范的一面，然而负面特征也很显著。一所学校在实践中有一个好的做法，教育官员会将其总结成"模式"，加以提炼并包装之后进行推广，推广的结果并不重要，推广的过程才显出其政绩。这些年，以"某某教育""某某教学法"等推广的模式成百上千，倒真没见到有十分硕大的果结出来。原因很简单，世界的本质是不同，你硬要把"不同"变为"同"，乃是逆天之举。佛说"借来的火，点不亮自己的心灵"，生搬硬套的模式没有灵魂，何来生命力？

对待不同的态度不是同，而是和——和而不同。"和"是一种差异化、多样性的统一，和是对待不同的包容与融合。孔子说，君子和而不同，小人同而不和。可是为什么那么多人非要去追求这个同，哪怕是戴上"小人"的帽子？

中国教育要有出路，必须在培养创新精神上有所突破，这就需要学校真正能够自主办学，办出自己的特色，而不是由教育局、教育厅乃至教育部来办学。把办学自主权真正还给学校，学校才能办出自己的不同，主管部门要承担的责任其实就是和，包容这些不同，然后让它们充分融合。

评价制度从高考这个根源开始就得改变。要努力实现教学与升学、考试与录取的分离。大学招生可以向美国学习，在招生录取时针对各种类型的学生设置一定的比例，这样可以从根本上消除择校热现象。同样的分数，若你是华人，根本无法申请哈佛大学、耶鲁大学这些名校，如果你是黑人，你就有可能被录取。现在偏远农村的孩子进名牌大学越来越难，为什么不考虑给这些孩子和学校以一定指标呢？

学校的任务就是日常的教育教学，申请大学是学生自己的事情，与学校无关，学校当然也可以提供一定程度的辅导。将统一学业水平测试从教育主管部门的职能中剥离出来，由社会机构承担。当学校从为考而教的桎梏中解脱出来，对学生的评价才不会是一元的线性的思路，而是强调多元、丰富、不同。

将来的普通大学只需要学生通过学业基本能力测试即可申请，顶尖大学则要对申请学生提出个性特长、内在品质等方面的要求。就如同一家企业招聘员工，简历和成绩单只是条件之一，企业管理者更关注的是应聘者的潜力如何，他是不是符合我的企业文化，能否在几年之后达到一定的高度。主管部门要给大学这样的政策，只要做到公开透明，大学应该能够用好这样的权力。

民办学校作为市场化的产物，基因就是"不同"，因此，更应当鼓励。部分公办学校办的民办学校，其实是公办教育的延伸，办学的目的并不纯粹，还是应当规范好边界。国际课程、国际学校的引入可以让教育和学校的形态变得更加不同，能从根本上促成教育与学校的融合，达到本质上的统一，实现真正的"和"。

21世纪人类面临空前的挑战，而融合是唯一的出路。而真正的融合，其根本前提是允许不同，尊重不同，制造不同。

2014 年 7 月 12 日

认准事，找对人

学期结束后，我安排了一周的时间，和各部门的主任沟通、探讨、总结，分析存在的问题以及今后的突破思路，每个部门安排半天。整体而言，会谈的效果显著。

为提升效率，避免漫无目的的空谈，每个部门的谈话都有固定的流程，分为五个环节：（1）部门主任汇报过去一学年工作的创新点与困惑；（2）部门主任阐述新学年工作的创新思路；（3）校长室就部门工作提问，部门主任回答；（4）校长室发表咨询意见；（5）部门主任总结感悟。每一个环节都有一定的时长，并安排专人计时提醒。例如，第一环节的时间安排为 10 至 15 分钟，有专人计时，到了 10 分钟进行提醒，到了 15 分钟则叫停。这样会议时间可以得到有效控制。

我将此命名为"团队咨询"。团队咨询对每一个参与者都有较高的要求，无论是发言主角还是咨询人员，都必须聚精神，认真思考，因此都能够从这样的对话中有所获益，有所提高。

在我看来，各部门所有的创新，所有的困扰，都围绕着两个核心问题——事与人。

过去的一学年中，各部门都做了很多事，结束之后一盘点，还是有高下之分。有些工作有效，有效工作低效乃至无效。我常常提醒各部门的负责人在繁忙的工作之余要静下心来思考，我所做的事情有意义吗？有多大的意义？一年下来，我自己有多少收获？我的部门有哪些成长？想清楚了，就可以有所为有所不为。

如同学校这些年走过的路：坚持低负高效，向课堂要质量，而不是随波逐流，为将平均分提高一点点而加班加点，做大量的训练。我们给学生充足的课余活动时间，不纠结于一时一次的考试成绩，这同时也迫使教师提升课堂效率，各显神通，施展自己的个人魅力，促使学生在其个人学习时间主动探索自己感兴趣的学科。

选择做哪些事，不做哪些事，需要有战略眼光。

在与初中部沟通时，我做了这样一段点评：通常来说，小学和高中的老师会呈现出不同的倾向。小学的老师更严谨，注重规范，注重细节，更趋理性与现实，但缺乏一些高瞻远瞩的眼光和理想主义的精神；高中的老师则正好相反，他们有激情，目标宏大，思考深远，有时候会好高骛远，对细节与规范不够重视。而初中的教师则介于两者之间。这些年来，初中部在管理中缺乏大的改变与突破，显示出战略眼光不足，而在具体规范上也受到诟病，说明执行力也有欠缺。这正是需要警醒的。

初中部的两位主任都是工作十分勤勉的人。过去的一年中，我经常晚上七点多离开学校，看到他们还在办公室里工作。放在一般的学校，已是模范员工。但对于我们这样一所立志于走向卓越的学校，工作努力认真只是最起码的要求。

我对他们说，你们只需要琢磨两点即可：认准事，找对人。一件事情认准了，就要坚持去做。但是如果没有选到合适的人，这件事情可能就会失败，会遭到质疑，然后我们就会否定自己，进而将这件事否定，这是十分可惜的。因此，有战略眼光，能看清楚事，还得找到合适的战术能力强的人去实施与执行。

另一种情况是，我们有优秀的员工，有好的想法，但是并没有给他合适的事情去做，导致其工作业绩一般，遇到挫折，于是这个人被否定。有些人甚至因此含恨离开，感叹生不逢时，这是更可惜的。

好的管理者需要有爱才如命的态度。再好的事情，没有好的人去做，也是空谈。反之，看准了事，找不到合适的人，可能这个事情还得缓一缓，放在心里，等待时机。

从这个角度来说，因人而做事就成了一种普遍规律。如果能找到那种兼具战略眼光与战术能力的人才，管理者连事情都无须考虑了，直接授权即可。

回到现实里，我对各部门的期望也不宜太高。教育界的优秀人才尤其是管理人才还十分稀缺，即便我认准了的事，如果时机不成熟，尤其是没有找到合适的人，也只能徐徐图之。各部门主任的能力如同五根手指头一样，亦有长短，每个人的优缺点都同样分明。我还需要继续对他们加以观察，在合适的时机对人员结构进行一定的调整，将各部门的局面进一步打开。

2014 年 8 月 12 日

寄宿是个坏制度吗

一

总有人问我一个问题：学生从小住宿好不好？这个问题让我纠结。一方面，我是一所十二年一贯制的寄宿学校的校长，我目睹了许多孩子通过十二年寄宿的学习生活，以一种健康阳光的姿态进入国内外大学读书。在多年的工作实践中，我们的工作重心之一是如何将寄宿的优点最大化，从来没有想过孩子低龄寄宿会有什么坏处。直到有一天有一位家长很认真地跟我探讨这个问题。

"你知道'依恋'理论吗？"她问。

我摇摇头。

"你应该去了解一下。"她的脸上闪过一丝不易察觉的不屑。

"依恋是幼儿与母亲之间的一种特殊的情感，这种情感持久而强烈，以至于幼儿如果看见母亲离开，就会产生分离焦虑，会用大声哭喊、紧抓不放或者疯狂寻找等方式来表达内心的情绪。"她说。

"所以，"她接着说，"儿童和父母在一起才有心理上的安全感。我不理解，为什么有那么多父母会舍得把孩子送进你们学校，从一年级就开始住宿？"

我辩解说："我们做寄宿很多年了，并没有觉得孩子有什么异常。"

"我是不会让我的孩子这么小就寄宿的！"她斩钉截铁地说，紧接着问，"你们可以允许孩子走读吗？"

二

我们学校所处的地区若干年前还比较偏僻。我记得刚来这儿工作时学校的周边都是农田，一些老师下班前直接到田里摘一点儿蔬菜，跟农民讨价还价一番，提回家去，工作家务两不误。后来社区深度开发，重新规划，渐渐成为一个成熟的国际社区，农田没有了，别墅、花园、高档住宅陆续出现。一些家长为了让孩子到我们学校读书，直接在学校周边买房子或者租房子。由此便带来一个提请学校考虑的诉求：可不可以让孩子走读？

这样的声音越来越多。终于，我们决定每年在一年级开一个走读班，满足这部分家长的需求。

三

长期以来，我们学校一年级都是四个班的规模，其中三个住读班，一个走读班。这些年，我们学校的家长层次越来越高，希望学生走读的比例也越来越大，可以想象，走读班的竞争比住读班要大得多。于是，每年走读班的生源都比住读班好。任课教师们反映，每个年级里面，上走读班的课感觉更好一些。不过，几个班平时成绩差距不大，皆在正常范围之内。小学毕业考试成绩也从来没有出现过走读班鹤立鸡群的现象，甚至可以说，住读班与走读班入学时的差距在毕业时某种程度上被抹平或缩小了。对此我的解释是，住校的孩子每天都在老师的督促下完成作业，学习有困难的学生还可以得到老师的额外辅导，而走读的孩子则因人而异，学习的效率反而得不到保证。

当这些孩子走到你面前时，你无法分辨哪些是走读的，哪些是住读的。从教育实践的角度，很难简单地说走读或者住读哪一个更优。尝试开放走读班对于我们这样一所寄宿制学校来说，并非是出自教育的选择，而是市场的需求。

四

然而我一直想着依恋的问题。

我开始仔细观察一年级住读新生入学的情况。对那些从没有住校经验的孩子来说，刚开始住在学校过集体生活，的确很不适应。但大部分孩子度过最初的适应期只需要几天时间，慢一点儿的可能需要几个星期，最长不超过一个月。

在最初的时候，依恋的现象的确存在。当父母跟孩子在宿舍告别的时候，一些孩子会哭，尽管事先已经说好，个别孩子依然会哀求父母别走，把自己也带回去。在劝说无效时，孩子会被允许跟着父母回去。第二天可能会重复同样的故事，也有可能孩子开始勇敢地尝试留下来。

让我印象很深的一次，是看到一位母亲从教学楼里快速地跑出来，一边冲出校门，一边对着门卫喊："快把门关上！"然后，就看到她的儿子哭着跑出来，隔着校门的铁栅栏对着妈妈喊："我不要住校，我要回家！"

五

并非所有的孩子都适合住校，如同上面的那位小男孩儿。当和妈妈分离时，那种撕心裂肺的痛哭令人揪心。到了后来，我们也会劝家长还是把孩子转回家门口的学校，不要读寄宿学校了。这样的情形过几年总是会出现一两次。当不得不接受这个结果时，家长又是气恼，又是无奈。

从老师的角度来看，这个孩子的家庭教育肯定有问题。六七岁的孩子，和母亲的依恋关系应当已经非常明确，他们应当明确地知道，和父母的分离只是暂时的。父母亲很爱他，正因为爱他，才把他送到一所有较高声誉的小学读书，而他即将成为一名小学生，应当克服短暂的不适应，开始新的生活。

事实上，更多的情况是这样的：母亲在离开时叮嘱儿子"晚上八点给家里打个电话，爸爸妈妈会守在电话前"。最开始的两天儿子的确准时给家里打电话，可是后来便杳无音信了。周五下午气急败坏的妈妈在接儿子时责怪他为什么不给家里打电话，儿子的回答是："我跟小朋友玩儿还来不及呢，哪有空给你们打电话？"

六

孩子寄宿一开始总是不适应，爸爸妈妈也不适应。分离的焦虑，孩子有，爸爸妈妈也有。

更多的时候，孩子很快适应了，爸爸妈妈却失落很长时间。分离的焦虑，孩子克服得快，家长克服得慢。

这时候，我会反过来安慰那些家长：从有孩子到现在，你们的重心一直在孩子身上，现在，可以重新过自己的生活了！为什么会失落呢，应该高兴才对啊！孩子正在逐渐长大，会逐渐独立，总有一天，会离你们而去，会有自己的家庭，有自己的生活。

而你们，在孩子寄宿的时候，完全可以开始一段新的生活。

七

尹建莉是我尊敬和佩服的教育工作者，她的《好妈妈胜过好老师》影响了很多年轻妈妈，所提出的观点也广受追捧。然而，在她流传甚广的《"寄宿制"是个坏制度》一文中，她对寄宿制的判断显得草率。

在文中，她用集中营和孤儿院来做例证说明寄宿制对儿童的伤害。强调家庭教育的作用我很赞同，但也不必如此贬低学校教育！从集中营和孤儿院出来的孩子无疑有着严重的心理问题，可是这并不能够证明"寄宿"是个坏制度。原因很简单，集中营是迫害人的地方，而孤儿院的孩子本来就有心理创伤，只不过两者皆是寄宿而已。

尹建莉坚信寄宿是不好的，进而断言孩子读大学之前都不要寄宿，即便对于伊顿公学这样的成功典型，也认为只是孤例而已。

我其实对她的结论很感兴趣，在阅读她的文章的过程中，产生了更多困惑。

八

寄宿能够培养学生的独立精神和集体意识，更重要的是学生通过与同龄人的交往，完成社会化的过程，对自我有更深的认识，未来的目标也更明确。

我们学校许多高中生毕业后，只身赴国外留学，签证、订机票等均独立操作，不需要父母亲操心。我很为这些孩子的独立自主意识感到骄傲和欣慰。

当然，将这些完全归结为寄宿制的成果，可能也有些武断。走读的孩子如果家庭教育得当，也完全可以变得独立刚强。因此，寄宿相对于走读，并不能说是占压倒性优势的制度，但说它是一个"坏制度"，应该还需要更多、更专业、更具有说服力的例证。

九

住读和走读哪一个更好？答案可能不确定，或者不唯一。

常有孩子面临幼升小的家长问我应该给孩子报走读班还是住读班。我的回答是，如果不考虑录取概率，纯粹从孩子成长和教育的角度考虑，答案可能因人而异。

如果孩子的家庭教育环境很好，尤其是父母关系和谐，老人不干预孩子的教育或者与父母保持一致，父母中有一人（通常是母亲）有比较充裕的时间来陪伴孩子（如果全职更好），那我建议孩子选择走读。

反之，如果孩子的家庭教育环境不理想，父母亲平时工作较忙，或者老人的影响比较大，那么将孩子送到高质量的寄宿学校，不失为一个更为明智的选择。

寄宿的缺点是，学校提供的是统一标准化的安排，很难为孩子提供个性化的辅导。如果是在家里，父母可以根据孩子的兴趣和特点在某些方面进行强化，对孩子的不足进行纠正。前提是，父母至少有一方在对孩子的教育上比较专业。

十

以我们多年的经验来看，孩子低龄寄宿并不影响其与父母之间的情感。父母对孩子的陪伴，关键在于质，而不是量。如果家庭环境压抑，父母关系紧张，就算父母再爱孩子，整天跟孩子待在一起，孩子也不开心。反之，若父母关系和谐，孩子也能感知到父母的爱，平时住在学校，周末回家，其乐融融，与父母亲的关系反而更为亲近。

作为学校教育工作者，我必须很坦率地承认，从人的教育而不是应试教学的角度来说，绝大多数教师的专业能力并不尽如人意。尹建莉的女儿初中住宿的糟糕经历说明那所学校的部分老师的教育和管理能力有缺失。然而，如果从专业角度来衡量父母的教育能力，结果可能更糟糕。

十一

如果家长是如同尹建莉这样出色的妈妈，毫无疑问该给孩子选择走读。尹建莉的女儿初中三年曾经在学校寄宿过，但却留下许多"很负面的东西"。这可能是她痛恨寄宿制的原因之一。如果她生在上海，碰巧又把女儿放在平和这样的寄宿学校读书，可能她会有不同的观点。

当然，尹建莉引用的著名教育家苏霍姆林斯基的话"最好的寄宿学校也不能代替母亲"，我也是十分同意的。一些家长错误地以为把孩子扔给寄宿制学校，自己就没有教育的责任了，这是极端错误的看法。学校教育对孩子的一生成长平均只起到10%的作用，最终还是家庭教育占主导。动辄指责孩子是被学校教坏的家长，可以想象其家庭教育有多糟糕。如果孩子表现不好，又怎能赖到寄宿制的头上？

2014 年 10 月 13 日

造　势

参加校长培训班期间，L 校长很认真地向我请教学校管理问题。我在培训班里做过一次发言，还带着一些校长去平和双语学校参观过，展示了我们真正做教育的追求。此外，由于写过几本教育方面的书籍，经不住一些校长的要求，又送了全班每位校长两本书，可能因此被他们认为有点儿水平。

我推辞说："L 校长，你太抬举我了，你至少当了五年校长，我才刚刚当一年，我真提不出什么建议。"L 校长一本正经地说："兄弟，我看了你写的书，那是真有水平！你一定得给大哥提点儿建议。"说完，他举起面前的汤碗，说："我以汤代酒，敬你了！"

彼时，我们正在华东师范大学的学生餐厅里吃饭。我和 L 校长之前并不认识，在培训班里也不在一个小组，说过几句话，但谈不上熟悉。能够坐在一张桌上吃饭，不是缘分也是缘分。L 校长很肯定地说他很早就知道我了，一直想和我深聊。见他真诚，我不由得庄重起来，心想再推脱就显得矫情。

L 校长面临的难题是，他刚从另一所学校调到这所学校做校长，这所学校建校已近百年，底蕴深厚，这些年却徘徊不前。他很想做些事情，但明显遇到了阻力。

"在学校管理方面，你比我经验丰富，"我说，"我真教不了你。我只能说说我的想法，你姑妄听之吧。"

"管理这件事情，在我看来，就是调动人的积极性，我们做校长的，把这件事做好了，别的事就不用发愁了。

"一所学校，如果教师队伍朝气蓬勃，积极向上，以校为家，这所学校一定会非常好。如果教师心不在焉，人心散乱，学校工作就上不了台阶。"我说。

　　L校长插话说："这正是我所在学校的现状。前任校长也是因为工作不力而被免职的。我也知道教师队伍建设是重点，但是，怎样做才能推动教师队伍向前走呢？"

　　"这个问题真的很难，"我说，"好几年前我就在思考这个问题，有一点儿小小心得，和你分享，不一定对，仅供参考。"

　　"作为一个团队的领导，我们主要做的是人的工作。有的时候，我们有想法，可是，这些想法不一定能变成教师的想法。我很长时间一直试图改变教师，让他们和我有同样的想法，我做得很辛苦，收效甚微。有时候稍有急躁，还招致怨恨。

　　"举个例子，我自己喜欢读书，喜欢写点儿文章，也觉得教师应该经常读一读、想一想、写一写，因此，便积极推行这件事。学校每学期都给老师买书，要求他们读，学校内网还开设了教师博客，要求教师每学期发表固定数量的文章。教师队伍中不乏一些跟我一样喜欢读写的人，但是当这个要求遍及所有人，就成了一种痛苦。不少教师将此看作一项任务，认为加重了他们的负担。私下里还抱怨，校长喜欢写，我们可不喜欢写。"我说。

　　L校长频频点头，看得出他和我有共鸣。

　　我接着说："后来有一天我突然醒悟，当我希望老师们去做一件事的时候，我不能直接用自己的力量去推动他们，我得想办法让他们自己主动去做。"

　　L校长恳切的眼神里流露出一丝疑惑。

　　"怎样让老师们主动去做我想让他们做的事呢？"我说，"有一个办法，那就是——造势。"

　　"所谓造势，就是形成一种氛围，产生一种力量，来推动老师们做事。这种力量比我个人的力量要大得多，因此效果也会好得多。

　　"我们很多人做事情，都是迫于情势。当年唐玄宗杀杨贵妃，心里一千个一万个不想杀啊，但是没办法，形势逼人，不得不杀。赵匡胤被披上一件黄袍，兄弟们皆拜于庭前，他不想当皇帝也不行了。当然了，他也可能是故意设计成这样，让别人以为他是不得已而为之。"我说。

　　"关键是怎么造这个势。"L校长表示赞同。

　　"对，这个是关键。"我说，"我想到四条途径。"

　　"第一条途径叫落差。这个很简单，就是赏罚分明，要想让落差大一点儿，那就重赏重罚。以读书写文章为例，如果读一本书，写了读后感发表在学校刊物上，便有物质奖励，如果有论文发表在正规刊物上，更有奖金发放；同时，如果不能完成任务，则扣奖金。两相对比，就会起作用。当然，这种落差不一定是物质层面的，精神层面更重要。对那些在读书写作方面表现优异的教师和教研组，应在各类场合予以表彰，并加大表彰力度，这也会起到引领的作用。

　　"第二条途径叫轨道。就像一列小火车，将它放到事先铺设好的轨道上，给一个力量，火车就会沿着我们预设的路径运动。这个轨道可以是制度，也可以是流程。有的时候，就如同我们教师备课一般，要考虑到一节课的重点难点，在设计制度以及流程的时候也要考虑重点难点，有针对性地进行布置。同样是读书写作，有些学校将之作为一个项目或者一个工程来做，严谨地分步骤实施，行政会议通过之后，有专门的部门来执行，成为学校常规工作的一部分。当然，轨道如果和落差结合起来效果会更好。

　　"第三个途径叫吸引。这个世界纷繁复杂，每个人有不同的生活方式和兴趣爱好。我们可以得出一个结论，就是这些生活方式和兴趣爱好本身便具有吸引力，使得那些参与其中的人产生了乐趣。因此，如果要推行读书写作，就得充分展示其魅力，让它能吸引更多的人。一些学校举办读书俱乐部便是这样的思路，俱乐部可以经常开展一些活动，以吸引更多的人参与。还有一种吸引则是校长建立个人魅力，吸引教师朝着校长期望的方向前进。很多企业管理者都将自己打造成精神领袖，无疑是看到了领导者的魅力能对员工产生极大的吸引力。

"第四条途径叫联结。联结是心理学上的名词，出处在巴甫洛夫的行为学派那里。巴甫洛夫在实验中，成功地将食物与响铃建立联结，于是狗只要一听到响铃，就开始分泌唾液。对于学校管理来说，首先需要建立学校愿景，校长自己深信不疑，并且通过反复宣传，让它逐步成为中层以及全体教师的愿景。然后，将类似读书写作这样的事与学校的愿景建立联结，让广大教师明白，学校的优秀教师，必须能做、能说、能读、能写。"我说。

我对 L 校长说："这些想法并不成熟，有些你一定用过。"

"还是你总结得深刻！"L 校长说。"我有一个问题，造势是不是会有造作之嫌？以你刚才举的读书写作为例，一定会有老师说，不就是让我们读书写作吗？搞这么复杂干什么？也就是说，无论你怎么隐蔽，还是有人会看出来，你怎么办？"

我说："这就是势的作用了。的确，大家都是明白人，可是，当势产生作用的时候，个人的力量无法阻挡。就如同当年邓小平带领大家走上改革开放的道路，到今天，大势所趋，再回到以前保守封闭的可能性已经不复存在。一个班级里所有的学生都认真读书，你若不想读书，还能有什么选择？你不跟着大家走你就被抛弃了。

"归根结底，我们每个人做事常常只是需要一个理由、一个说法而已。只要有足够的吸引力，建立足够强大的联结，老师们看穿了又何妨？我们做的是有意义的正当的事，而且给了他们充足的不可阻挡的理由，又有谁会真的抱怨呢？"

我接着说："你今天问我管理问题，你又是叫我兄弟，又是敬我汤，你也在造势，所以我才讲了一些观点。你可能觉得有收获，感谢我。但真正有收获的是我，所以我要感谢你。你给了我一个机会，让我深入思考并加以提炼，从而加深理解。"

　　L校长很激动，他是位真诚而感性的人，我们的手紧紧握在一起。旁边有人冷冷地看着，以为我们俩是久别重逢。

2014 年 11 月 13 日

积累与释放

人生很复杂，但是也可以将其简化为一些模型，其中一种模型叫作"积累——释放"。

所谓"积累——释放"，即人生就是一个不断积累、释放、再积累、再释放的过程。每一次积累到了一定的阶段，就会升级，升级本质上是一次释放。如果想继续升级，那就要重新开始积累。

我们的求学过程便是这样的。每一次大考冲刺，都是为了进入一个更好的平台，直到最终从学校毕业，进入职场，又从零开始。

努力工作几年，做出足够的成绩，以至于老板觉得不升职加薪都对不起你。然后你开始攒钱，攒到一定数额，买房子付首付一次花光。因为积累得不够多便开始释放，因此属于欠债，接下来的若干年成了房奴，继续攒钱还债。

买房是为了结婚。能够让心爱的姑娘嫁给你也不是那么容易的，在相互认识之后需要不断地积累情感，并逐渐升级，直到求婚成功。结婚是一次释放，要维持一生的婚姻，还需要两个人从细微处经营。

大自然的规律也是如此。这些年地震灾害频发。地震其实是地质运动产生的能量的积累，能量足够大，便要释放。地震引起的可怕灾难之一是堰塞湖，山里的河流下游被堵塞之后，水流不断累积，最终要引起山洪。可见，积累的必然结果就是释放。

天气变化是另一个例子。盛夏之后，若没有冷空气来，温度就很难降下去。而冷空气来了之后，气温一阵猛降，然而过几天又会回升，这是因为传统力量仍很强大。需要几股冷空气反复折腾，最终气温一点点降低，终于进入寒冬。到达最冷之后，冬去春来，又经历相反的过程。

人生最美好的时刻是什么？花未开时月未圆。也就是积累到即将释放又还未释放的时候，那种感觉最美好。因为一旦花开月圆，到了顶峰，马上就面临衰败。因此，我们看到很多人表面光鲜，应该知道光鲜的背后一定是奋斗。而一旦光鲜释放出来，意味着他们马上会进入一段低潮期，若没有准备好，是福是祸还很难说。

两年前，我在美国学习考察了几个月，每天学英文、背单词，深刻感受到积累的过程之艰辛。例如，坚持苦学了一个月，却没有感受到明显的提升。我意识到英语学习就好比在大江里建一座水坝，每天学习就像是往江里扔沙包，扔一个月，可能什么都看不到。可是就如同珊瑚岛一样，前一天海面上可能什么都没有，后一天一座小岛就形成了，沙包慢慢积累，总有一天会逐渐浮出水面，形成一座大坝。一旦见到效果，就离成功不远了。这之前，是漫长的积累和焦躁的等待。

很多人不愿意积累或没有耐心积累。你跟一个人说读书的好处，你指的实际上是长期读书的好处，可是他如果不能坚持，便根本无法体会。在没有释放之前，就好像往水里扔沙包一样，你的积累不会让你跟别人有什么不同。而当不同显现的时候，别人已经很难追上你了。

于是，我们便听到这样一句话——要耐得住寂寞。但我以为，真正耐得住寂寞的人其实是以寂寞为乐趣的。他所做的事情一定也是他的兴趣所在，他才能在缺少他人支持的时候长期坚持，直到开花结果。这也是当面临选择的时候我们常常劝人顺从自己内心召唤的缘故。

还有一个词叫厚积薄发。我的理解是，就好像往一个木桶里注水，等到水溢出时，并不是注了多少就会溢出多少，之前注满桶的那些水不会溢出来，那是打底用的。可是一旦开始溢出，由于有了之前的基础，便源源不断不能阻挡了。

浮躁的时代，年轻人常做一夜暴富或一夜成名的美梦，他们不想积累只想释放。对于释放这件事，我有两个理解，一是谨慎，二是欢迎。

合起来就是谨慎欢迎。之所以谨慎，是因为之前说过的那个道理，释放意味着重新开始，付出有了回报，价值得到兑现。而价值兑现是一件很危险的事，因为收获之后的土地其实是一片荒芜。

那为什么又欢迎呢？因为终即是始，我们不要把释放看作积累的结束，而要看作新积累的开始。这时候的释放就是升级，我们虽然再次一无所有，但我们升级了。

从广义上来说，人生是认识自我、发现自我、实现自我的过程。在这一点上，我们的积累可能终其一生都得不到释放。因为，真正彻底的释放，是灵与肉的分离。

还有一种东西，积累的目标并不是释放，如友情、爱、思想等。它们积累的结果是生长，爱会生长，情感会生长，思想也会生长。我相信这种生长的力量，能克服一切的释放，战胜愚昧的黑暗，铸就更美好的明天。

2014 年 11 月 15 日

第三辑　禅意班主任

视家长会为课程

> 万老师：家长会一般都是班主任唱主角，
> 先分析一下学生成绩，谈谈班级近况，再给家
> 长提点儿要求，最后请部分家长留下谈话。也
> 难怪每逢家长会，总有个别家长以种种理由不
> 来参加。对于班主任来说，怎样才能开好家长
> 会，收到令人满意的效果呢？你有什么高招？
>
> ——一位教师

前两日大学同学聚会，自然而然地，我们聊起学校教育。一位同学说起他不久前开家长会的经历。

作为父亲，他之前从来没有参加过儿子的家长会。他在一家金融类国企身居要职，工作很忙，儿子的事情都是妈妈操心。在孩子升入五年级之后，他终于良心发现，主动请缨参加家长会。

那天下班后，他没吃晚饭，直接去学校。万万没想到，家长会从晚上六点开始，足足开了四个小时。先是教育局领导讲话，然后校长发言，后面是年级主任，然后到各自班级，班主任、科任老师，每个人都得说两句。

在那个十二月底的晚上，在没有空调的教室里，他饥寒交迫，坐在儿子狭小的座位上，听着那些小学老师无穷无尽的唠叨，脑子里只有一个念头：赶快结束吧，以后再也不参加家长会了。

另一位同学的女儿上小学二年级，一年前，他也参加了一次家长

会，经历却迥然不同。

家长会分为两部分，第一部分是校长发言，校长用非常简洁平实的语言介绍了学校的办学理念，半个小时就结束了。第二部分是亲子活动，以班级为单位，小朋友与他们的家长一起，参加了各个趣味项目的竞争。由于大部分家长都是妈妈，作为男性，他在好几个项目中都显示出优势，尤其是一些穿越障碍的接力跑。班级里部分热心的家长建立了微信群，他身手矫健的姿态被拍下来上传到微信群中，许多年轻妈妈留言表示肯定与欣赏。他感觉之好，无以言表，尽管在一次钻圈时还擦破了手上一块皮。

学校利用家长会搞亲子活动的目的很简单，增进家长与孩子的感情，增进家长之间的了解。那次家长会之后，家长们果然增加了相互之间的联系，几位家长还陆续组织了几次班级学生家庭的活动，微信则成为发布信息的平台，班主任与科任老师也常常在上面交流。对于女儿的这所学校，他十分满意。这次家长会令他回味良久，他心里惦记着下次有空时再次到学校参加家长会。

同样是家长会，由于学校理念的差异，形式与效果完全不同。许多学校以我为主，把家长当学生，家长会是单向的灌输式的说教，全然不顾家长的感受。想想看，如果家长会带给家长的尽是痛苦的消极的回忆，家长把参加家长会看成一种为尽责而必须完成的任务，我们又凭什么责怪家长不来参加家长会？

在大学同学聚会上，我受到大家的称赞。因为第二位家长的女儿正是在我工作的学校上学。

这几年，我们对家长会做了改革，通常有这样几种方式：

第一，主题讲座。如果是校长或教师发言，通常都是介绍学校理念、学校情况或政策宣讲。如果主讲人是家长，内容则是对家庭教育经验的分享。有时候，根据家长的需求，学校也会外请一些专家来校做讲座。

第二，教育沙龙。主持人通常由教师担任，参与嘉宾可以是家长、学校领导，也可以是学生，根据不同的主题与环节灵活设定。听众可以是全体家长，有时候也会邀请所有学生和家长一起参加。沙龙进行的过程中，观众总是有机会参与互动。

第三，亲子活动。在小学低年段，亲子活动是比较受家长欢迎的方式。活动以趣味游戏为主，设置一定的奖项，家长和自己的孩子共同参加，活动的场面通常都十分热烈。

第四，学生展示。当学生通过在学校的课程学习取得阶段性的进展时，学校也会举办以学生展示为形式的家长会，邀请家长来学校分享孩子的成长喜悦。

视家长会为课程，我们就不会总是站在自身的立场设计家长会，而是以学生为本，以家长为本，重点考虑他们的感受与收获。如果动点儿脑筋，家长会的方式真可以不拘一格，重要的是我们要想清楚为什么要开家长会，如何开才有效果。一位中学班主任在学期结束时组织孩子们参加了一次与语文学习结合的文化游，结果大部分家长都积极响应。另一位小学班主任则与一所自闭症患者培训机构开展合作，同样吸引了许多家长参加相关活动。这种教师、家长与学生之间的互动，比传统家长会要有意义得多。

2013 年 8 月 6 日

孩子调皮是问题吗

> 万老师：最近，一个问题一直困扰着我："到底该不该让调皮捣蛋的学生当班干部？"有的老师认为，让调皮捣蛋的孩子做班干部可以"以夷制夷"，有的老师认为这样会把班风带坏……调皮捣蛋的学生经常会在班级里制造事端，往往成为困扰班主任的教育难题。让调皮捣蛋的学生当班干部是一种教育思路，您认为可行吗？教育调皮捣蛋的学生，您有什么好方法？
>
> ——小王老师

十多年之前，我初当班主任，遇到了一群调皮捣蛋的男生。缺乏经验的我被他们弄得焦头烂额，绞尽脑汁之后，决定"擒贼先擒王"，目标是一名人高马大的男生。他比其他学生大两岁，在男生中很有威信。我任命他当班长，试图通过他来管理班级里那帮调皮的男生。结果如何？我又一次"可耻地"失败了。

年轻的教师在遇到困境时，总是希望能够"一招制胜"，一如当年的我一样。却不知道，在寻找解决问题的答案时，首先对问题的定义就已经产生了偏差。

让调皮捣蛋的学生当班干部，可能有效，也可能无效。或者，如果担心他们把班风带坏，给他们封一个称号，没什么实权的，满足他们受人关注的愿望；也可以让他们通过劳动与为班级服务释放自己的能量，这种方法，同样可能有效，也可能无效。

就如同《西游记》里的齐天大圣孙猴子，本事很大，脾气不小。玉皇大帝封了他一个"弼马温"，孙猴子颇为开心地在天庭当了一段时间的官。直到有一天意识到被忽悠，大怒之下，大闹天庭。要不是如来佛祭出五指山，还真不知道怎么才能降服他。

把目光聚焦于如何制住调皮的学生，我们已经走入了误区。问题的关键在于我们关注的是问题、学生还是我们自己。

我的一位同事，现在是很优秀的教师，小时候很调皮，让他的老师十分头疼。他一度沦为"问题学生"，经常被老师罚站，他也自暴自弃，直到遇到一位欣赏他、信任他的教师。这位老师无条件地关心他，爱护他，支持他，指导他，终于帮助他度过了人生中那段最艰难的时光。

归根结底，还是教师的影响力。如果我们对孩子没有影响力，无论我们做什么，都会"可耻地"失败。就好像在那些爱情小说里，男主人公想要取悦心中的女神，那女孩儿若是不爱他，他做什么都令人讨厌，都是悲剧。因此，与其寻思"降服"调皮学生的方法，不如考虑如何赢得学生的心。

调皮捣蛋的学生常常会考验我们的耐心，检验我们的教育观是停留在表面还是发自内心，最终衡量的是我们的人格魅力。我们有多大的人格魅力，能够真正地感染和影响学生，让他们下决心与自己的不良习惯做斗争？

要真正把调皮的学生改造成为循规蹈矩的孩子，可能性也许接近于零。当我们年龄渐长，会逐渐明白"我们无法改变任何人"的道理。一位哲学家说过，我们无法被改变，我们只会越来越像我们自己。身为教师，对这一事实不必感到悲哀。有些人安静，有些人活跃，有些人容忍度高，有些人有攻击性，这些都只是人性格中的一部分，我们需要做的，是帮助每一名学生发现他自身的价值所在，让他自身的性格更和谐，更平衡。

有些孩子调皮，可能有心理或生理上的病因。例如，有些患多动症的孩子，天生注意力缺失，对他们而言，调皮其实是一件让自己痛苦的事。他们的成长道路注定不平坦，因为在大部分老师的眼中，活跃好动常常与品德不佳相关。我们曾经被那些常常一天不说一句话的学生困扰过吗？调皮捣蛋的学生会影响班级的秩序，进而影响我们自己工作的业绩，那些闷声不响的学生，不理他们就行了。

从学生成长的角度来看，比类似调皮捣蛋那样外显的行为严重的学生问题有很多。有一种孩子，自私自利到极点，对老师或者权威人士的话点头顿首，和竞争对手钩心斗角，对成绩不好的同伴则嗤之以鼻。有谁担心过他们的问题？他们将来对社会的危害可比那些只是小小调皮的男孩儿大多了。

最近一段时间，我突然关注起另一类人群：那些几乎把所有的时间和精力都放到学习上，并且也取得了中等、中上或较好成绩的学生，尤其是女生。这类学生绝对是教师眼中的好学生一族，可是，不觉得她们其实很可悲吗？即便她们是学校体制中的获胜者，她们几乎注定在毕业之后的世界中成为弱者。她们拼尽所有的力量所获得的，却是真实世界根本不看重的。早知如此，还不如年轻的时候更生动一些，活泼一些，自由一些，快乐一些，或者，调皮一些。

与以前的同学聚会，对学校教育也许会有更为真实的认识。我的同学中，当年调皮的孩子现在有出息的太多了，而成绩好的孩子很多则很平庸。相信这并不是我的个人经验。那些当年并不讨老师喜欢，调皮捣蛋但是人缘很好的学生，在现实的世界里如鱼得水，更容易把握机会，获得成功。我们还是把眼光放长远一些，担心那些真正需要我们担心的人吧。

2013 年 9 月 7 日

"小说小动"不是问题

> 万老师：当班主任，在课堂上总会遇到那些叽叽喳喳喜欢说话或者爱接话茬的孩子，还有那些手不停、脚不住，小动作不断的学生。他们或与同学交头接耳，或自说自话，或自顾自搞小动作，甚至与其他同学打闹起哄，不一而足。面对这些喜欢在课堂上"小说小动"的学生，您是如何应对、处理的呢？
>
> ——一位班主任

我初当班主任时，带了一个调皮学生众多的班级，"小说小动"的孩子无数。一名男生上课时貌似在听讲，请他起来回答问题却永远是答非所问；一名男生总喜欢捉弄身边的同学，你以为他低下身去捡笔，他却将同桌的鞋带系在了一起；还有一名男生，上课时双手总是放在抽屉里，你去检查，发现那里面简直就是一个手工作坊，螺丝、剪刀、钳子、电线、钢丝等应有尽有……

面对这样的学生，我束手无策。那些孩子最终并没有什么太大的改变，不过还是顺利毕业。我则从与他们"斗智斗勇"的经历中汲取了很多经验教训，后来迅速成长为一名颇有些治班心得的班主任。

我后来明白两点：第一，他们对我的"帮助"比我对他们的"帮助"要大；第二，幸好我对他们没什么"帮助"，因为作为一名"菜鸟级"的教师，我要是乱"帮助"，结果可能比不帮助还糟糕。

长期工作在教学第一线，我十分理解老师们在遇到这些学生时的气恼心情。类似"一粒老鼠屎"的愤懑，大部分教师都不会明确地表达出来，但心里面一定暗暗地抱怨过。但是，在思考如何教育改变这些孩子的时候，我们必须清楚地认识到这样一个事实：在传统的学校、传统的课堂里，老师越负责越"敬业"，这些孩子的生存环境就会越恶劣。

　　2013年9月，江西临川二中一名高中男生刺死收走他手机的班主任的悲剧，正是这一事实的典型表现。在临川二中，该男生与其班主任的口碑截然相反：班主任认真负责，学生则厌学、粗暴。该事件看起来是非分明，我却试图理解那名最终选择自首的男生的痛苦与悲哀。

　　很多"小说小动"、屡教不改的孩子多多少少有点儿多动症或其他类似疾病。孩子若患有多动症，整个家庭都陷入痛苦。一位朋友告诉我，他的孩子由于学习困难被老师建议去医院检查并诊断为多动症后，他用了许多办法——药物治疗、营养搭配、爬行活动、跳绳训练、游戏矫正……几乎能用的方法都用了，成效却并不明显。他算是很有耐心的人了，但在陪着孩子做家庭作业的过程中，眼看着孩子两个小时都做不出几道题，忍无可忍地气恼发火，看到孩子眼含热泪他又后悔、心疼，其心路历程让我也不禁动容。

　　当我们在指责这些破坏纪律的调皮学生时，又有谁想过他们自己及其整个家庭的无法言说的苦楚？

　　我的一位朋友对多动症则有不同的看法。首先，他不认为多动是病。"所谓的'多动症'，其发生群体是儿童，有谁很严肃地说成人有'多动症'的？"他问。

　　其次，"小时爱动，长大之后可能更有成就。这样的例子有很多，如：爱因斯坦、爱迪生、毕加索、莫扎特、乔丹乃至我国的羽毛球运动员林丹等，皆在各自领域达到了那些小时候没有'多动症'的孩子所根本无法企及的高度"。

再次，"我自己小时候就是'多动症'。"他说，"现在长大了，仍然比普通成人更爱动，那又怎么样？我不照样生活得很幸福？有车、有房、有老婆、有儿子、有事业。"

正因为自身的特殊经历，他对教育的看法就有些前卫。有一次，学校的教导主任约他见面，说他读小学的儿子上课时一个人在操场上散步，而上课的老师并没有阻止。事实上，他的儿子因为太好动，老师根本制止不住。"请不要怪我们，我们已经尽力了。"教导主任说。

"我怎么会怪你们呢？我感谢你们还来不及呢。谢谢你们能够给他自由。我对孩子在学校的学习没有任何要求，只要你们给他自由。"他说。

于是皆大欢喜。

作为一名教育工作者，我要向这位朋友脱帽致敬。因为他已经跳出了普通人对于教育的狭隘的认知局限，而真正做到了知行合一。

在他的认知世界里，小说小动不是毛病，不需要改变。教育所要做的，是顺应孩子的天性，尊重他们成长发展的规律。"通常监狱里对于重犯会戴手铐，对于死刑犯则会采用最严厉的'背拷'——两只手拷在后面。我们的传统教育，对小学生实施的就是这样的'背拷'，这是最残忍的刑罚。"他对传统教育的批判是如此鞭辟入里。

现代教育强调以人为本，更趋向于关注儿童身、心、灵的整体健康和发展。以近些年被越来越多人关注的华德福教育为例，其课程设置非常注重艺术教育，如语言、话剧、讲故事、唱歌、绘画、韵律舞、游戏、手工、园艺和农艺等。华德福教育所信奉的理念是："每一个人都是独特的个体，有其不可剥夺的价值与尊严。人要做的是开拓自己生命的意义，达成完善的自我。当一个人懂得自己之为人的尊严和价值，他也就会尊重他人，尊重自身所在的世界，懂得感恩，懂得爱与分享。"在这样的学校里，是不存在"小说小动"这一概念的。

当下，大多数老师也许达不到这样的境界，因为有一些功利的欲望，而产生虚妄的烦恼。那么，不如多一些关爱与宽容，少一些执着与"作为"——我的"菜鸟"生涯就是这么过来的。孩子如果沉迷于一个手工游戏，就让他去玩吧——他从游戏中学到的，可能比我们逼迫他去学的，要有价值得多。

2013 年 10 月 20 日

翻转班级

在教师进修学院工作的朋友请我给全区的青年班主任做一个讲座，我欣然应允。在发言中，我谈到了最近炙手可热的翻转课堂。我解释说："传统的教学模式是，教师在课堂里讲新知识，然后布置作业让学生课后完成。翻转课堂则颠倒过来，新知识的学习由学生在家里通过观看视频完成，遇到的问题则在课堂里通过同伴与教师的帮助得以解决。有人干脆就理解为将课上与课下翻转，虽然不全是如此，但的确是将学放到了教之前。"

"翻转课堂的出现是偶然的吗？"我说，"传统班级授课制的最大弊端就是教师集体讲授与学生个性化的学习方式与学习能力之间存在巨大的差异。没有一位教师能做到让课堂上的所有学生都有收获。事实上，一节课如果能让85%的学生达到教师的教学目标已经是非常大的成就。而更普遍的情况是，只有30%的教师能做到其教学让学生有收获；另有50%左右的教师的教学是无效的，也就是说，教师讲完，会的学生还是会，不会的学生还是不会；还有20%的教师更糟糕，学生自己看书可能理解了，听教师讲，反而糊涂了。很多学校都有这样的三类教师。"

"翻转课堂的核心理念是以学生为中心，这个理念并不新颖，但几乎从来没有真正实现过。学校、教师乃至课程往往取代学生成为教育的中心，这不难理解。翻转课堂强调的是学生自学，以往也有教师要求学生提前阅读教材以及相关学习材料，国内类似杜郎口中学这样的教改典型也是这样的思路。而随着互联网以及信息技术在教育中的普及，教师的授课可以通过视频在网络上自由观看，这就使得学生的自我提前学习得以有效推广，从而形成翻转课堂。

"教师的角色也因此发生转变，以往是知识的传授者，现在成为学生学习知识的辅导者和学习活动的组织者。教师的主要任务有两个：第一，设计学生的学习流程，包括学生在家中的学习、在课堂上的讨论以及相应的制度和评价体系建设；第二，在必要的时候对学生的学习难点进行讲解，并解决学习小组无法回答的疑难问题。当然，翻转课堂的主要原则是，学生能够解决的问题，教师尽量让学生自己讲，而不要抢着去讲。"我说。

接下来，我简单讲了翻转课堂与微课、微视频以及进阶作业等概念的联系与区别，听讲的青年教师们或频频点头，或若有所思。

我停下来，询问大家有什么问题。一位青年教师举手，我示意他发言，他站起来说："我注意到您今天的讲课主题是'班级管理'，这个跟翻转课堂有什么关系？"

我点点头，说："非常好的问题！我最近一直在想，既然课堂教学可以翻转，那么，班级管理是不是也可以翻转？"

"如今，班级管理的最主要弊端在于，整齐划一的学校管理制度不能满足学生个性特长发展的需要。为了管控学生，班主任成为学校最重要的岗位，而班主任承担的责任与承受的压力也与日俱增。学校希望通过加强班主任队伍的建设来稳定班级秩序，完成学校各项教育任务，学生的个人需求首先必须符合学校的规定。然而，老师们尤其是班主任们发现，现在的学生越来越有个性，价值认同也与十几年前明显不同，对学校管理的挑战意识显著提升。在一些地方，班主任甚至成为学生与学校管理之间矛盾的一个触发点，许多年轻班主任感到十分迷茫。

"我认为，班级管理乃至学校管理的理念必须有一个大的改变，就是不要试图约束与控制学生，而应当真正落实以学生为中心的原则，让学校与班级成为学生成长的平台与乐园。既然翻转课堂能够让学生成为学习的中心，那么，翻转班级也应当可以让学生成为自己成长的中心。"我说。

"怎么翻转呢？"有老师小声问。

"同翻转课堂一样，翻转班级的核心在于教师角色的转变，班主任不再将自己放在中心地位，而是学会成为辅助者和组织者。班主任的主要任务在于重构整个班级的组织架构，把舞台搭好交给学生，然后自己坐下来，需要时当当配角、场记，偶尔当当导演，最终成为观众。

"在翻转班级的思路下，有几种班级形态年轻的班主任可以去尝试。

"第一，选拔能力强的学生组成班委，同时设立众多管理岗位（曾经有班级细化到关灯、关门、养鱼都有专人负责），班级每一名学生都有具体任务。班主任通过培训，逐渐将班级管理交由班级委员会负责，自己则充当顾问的角色。

"第二，先将班级同学异质分组，做到平均组合，所有班级活动都以组为单位进行，必要时可分小组和大组，通过同学互帮互助的方式让所有学生尤其是学困生得到全方位的帮助。

"第三，班主任与学科教师组成一个导师团队，每一位导师负责其中一部分学生，对学生的学业、特长、心理等方面深入辅导帮助。

"第四，成立各类班级事务委员会，委员会成员由学生竞选产生，班级各项制度由各委员会负责制定，并要在全班获得通过。班主任退居幕后，成为仲裁者，必要时有一票否决权。

"这四种班级形态都有具体的实践者，都是对传统班级管理模式的挑战与突破，其核心理念是平等与自由，有人提出'班主任要成为平等中的首席'，便是基于这样的思路。

"班主任要努力让自己成为一个精神领袖，凝聚人心，鼓舞士气，指点迷津，而班级的具体工作应当尽量让学生自己去完成。学生一开始也许会犯错误，但每一个人都是在这样的实践和体验中成长的。最好的状态是：学生们积极投入并主动思考班级的建设，班委对班级发展有明确规划，班主任反而被学生分配任务，要求配合。"我说。

我的讲座结束之后，一些班主任走到前台来，继续和我交流他们对翻转班级的看法。我告诉他们，要真正做到翻转班级，需要在学校层面进行整体设计。目前，国内已经有不少地方开始从高中乃至初中试点淡化甚至取消行政班。事实上，如果分层走班、让学生选课成为主流，教学班取代行政班是不可避免的趋势，班主任的角色将自然向导师转变。

"如果学生不自觉或者班级乱怎么办？"有人还是纠结。

我说："你还是一种控制的思维。因为担心，所以不放手。如果学生的一切都是在我们的安排下进行的，即便表现得很好，也不是真实的状态。等到孩子进了高一层次的学校，遇到管控不是那么严格的环境，就可能迷失。可是，没有一所大学是会像中小学那样管控学生的，因此，培养学生的自主能力是基础教育的重要使命。成长的秘诀在于闲暇，要给孩子空间，给他们自由。有的时候，你觉得他们什么都没做，好像在浪费时间或'思考人生'，但教育的价值就蕴含在这种'思考人生'中。一旦学生有了觉悟，明确了方向，他们就会成为动力十足的火车头，你拦都拦不住。"

我最后说："与其说是翻转，不如说是回归。要回归的是我们教育者的认知，真正的学习和成长一直就在那里，从来没有被翻转过。"

2014 年 10 月 18 日

禅意班主任

暑期回乡，初中时的同学阿崑约我去钓鱼。阿崑和我是同行，在老家一所初中做教师，每次放假我们都会聚一聚，顺便聊一点儿教育的话题。

见了面，阿崑问我："最近在看什么书？"

"中国传统文化方面的，"我说，"儒、释、道、法家，还有中国智慧的集大成者——禅宗。"

"有什么心得吗？"他问。

"中华文化博大精深，我虽然有些心得，却不过是一点儿皮毛而已。"我说。

"说说看嘛。"他说。

"就以钓鱼为例吧。钓鱼只是一种娱乐，靠它来养活自己很困难，于是古人发明渔网，用网去捕鱼。为了提高收成，再造大一些的船，可以开到深水区捕鱼。这样，不仅可以在河里捕鱼，还可以到湖里，乃至到海里去捕。于是造更大的船，织更大的网，捕的鱼不仅自给自足，还可以出售，捕鱼便成为一种产业。有了钱之后干什么？办学校，发展教育，提高人民的素质。这是儒家的思想。"我说。

阿崑微微点头，一边听一边思考。我们以前读书时是死党，曾经还做过同桌。他脑子活络，为人仗义，人缘极好。如今做教师，也深受学生欢迎。

我接着说："捕鱼这件事，一开始大家没有积极性，政府便出台一些政策，鼓励大家去捕鱼。例如，捕鱼可以免服兵役或者免除税收什么的。只要给好处，总有人愿意干。后来，捕鱼的人开始赚钱，于是越来越多的人来捕鱼。很快，河里的鱼捕光了，大家到湖里去捕，湖里的鱼也越来越少，再到海里去。当海里的鱼也不像以前那么多时，大家开始约定，渔网的网眼要足够大，每年还要有一段时间为禁渔期。如果有人违反，必然施以重罚，罚到不敢轻易违反约定为止。这是法家的思想。"

"那么道家的思想呢？"阿崑问。

"道家的思想就很简单了，你看，咱们钓鱼的钩是弯的，上面还有倒刺，如果把弯钩拉直，把上面的倒刺除掉，你还能钓着鱼吗？"我问。

"钓不着。"阿崑摇摇头。

"姜太公就是这么钓鱼的，还钓到了一条大鱼。"我看着阿崑说。

阿崑笑了笑，说："这倒也是。姜子牙本来一直隐居，他在周文王必经的路上用直钩钓鱼，还说愿者上钩。然后周文王就真的上钩了。"

"这就是道家的思想，无为而无不为。如果周文王是明主，我就辅佐你做事；如果你不看重我的才能，我就一直隐居下去。反正也隐居那么多年了，一切顺其自然。至于佛家的思想，你总该知道吧？"我说。

"是啊，"阿崑点点头回应道，"前几天，网上正好有一条新闻，说有人捕到一条大鱼，被另一人用几万元买下放生了。买鱼的人一定是信佛的。"

"信佛之人不杀生，怎会钓鱼呢？别人把鱼钓上来，他最好把它们全部放掉。他们相信，世间万物都是平等的，来生转世，说不定我们也会变成一条鱼。"我说。

"禅宗大师又怎么对待捕鱼呢？"阿崑接着问。

"古时有一个叫善慧的居士，后来成为禅学大师。他年轻的时候有一次和同乡人一起捕鱼，结束后将装鱼的竹笼沉浸在水里，还对鱼说：'鱼啊，鱼啊，要走就离开，不走便留下。'"我说。

"这也是放生啊！"阿崑说。

"是的，和佛家相比，禅更有智慧，不拘泥于形式，一切皆有禅意，生活充满趣味。"我说。

说话间，有鱼咬钩，我缺乏经验，慌忙提竿，钓钩一松，鱼儿跑了。

我有些懊恼，阿崑安慰我说："钓鱼你不行，做班主任我不行。"

"怎么了？你不是你们学校的优秀班主任吗？"我问。

阿崑欲言又止，望着水面，若有所思。

我也不说话，等他自己说。

过了半晌，阿崑说："我刚才在想，我自己做班主任究竟属于那种风格。刚开始的时候，我觉得我属于儒家，强调以德治班。我对学生很好，充满仁义之心，总是觉得孩子很可爱，人性很美好，即便孩子犯了错误，我也是往好了想，相信他们一定会改正。"

"后来你那个班级就带得很糟糕，纪律很乱，成绩也不好。"我说。

阿崑苦笑了一下，继续说："那段历史你是知道的，我被校长找过去谈话，受到严厉的批评，年级主任也对我恶语相加。我痛定思痛，决定对班级进行大整顿。于是转变风格，用法家的思路来治班。我制定了许多规章制度，严格实行各种量化评比，那些因为违反行为规范或者学习成绩不佳被扣分的学生受到了严厉的惩罚。班级的纪律和成绩倒是有一些起色，我和学生的关系却急转直下。

"那届学生带完之后，我成了我们学校有名的杀手老师。之后，我又带了两届学生，从初一带到初三，班级管理一届比一届顺利。那两个班级都成了年级里最优秀的班级，无论是纪律还是学习成绩，都遥遥领先。你知道我用的是什么方法吗？重赏重罚，而且连坐。学校里的各种活动，我都要求他们拿第一名，如果做不到，全班一起受罚，包括我自己。我这班主任也做得很辛苦，每天早上最早到学校，最晚离开。我永远忘不了第一次带班时被年级主任和校长奚落、批评时的无地自容，我发誓要成为最好的班主任。有志者，事竟成！我做到了。"

我点点头，问："后来呢？"

"后来有一天，我突然良心发现。我做得太累了，以前我一直觉得这样做很值得，我牺牲了自己，成就了学生，学生会感谢我。可是，学生毕业之后很少回来看我，背后还给我起了一个绰号——'屠夫'，说我'杀人不眨眼'。更为关键的是，许多孩子到了高中之后，发展并不如我想象得那么好，有些孩子遇到管理不太严格的班主任，甚至表现得很放纵。我意识到我其实是太自私了。我对他们太严苛，并不是真正为了他们的成长，而是为了证明我自己。"阿崑说。

我赞许地说："你很了不起，不是所有的老师在取得成绩之后还能对自己有这样的反思的。"

"谢谢夸奖，"阿崑说，"我应该早点向你请教的，你刚才一番话给我很大的启发。你知道吗？我现在带班的思路其实跟道家差不多。我把班级管理交给班干部完成，自己退到幕后。可能因为我有'屠夫'的恶名吧，我对学生挺客气，他们却很敬畏我。我不怒自威。"

"对学生还严苛吗？"我问。

"我一直跟他们说，做事只要尽力了，没有遗憾就好。有一次年级篮球比赛因为裁判因素输了，全班同学群情激愤，要是在以前，我必定要带着全班去讨个说法。现在，我反过来安慰他们，得容人处且容人，让别人也拿一次冠军嘛，以后还有机会的。

"你知道吗？其实我有相当长的一段时间都很困惑，不知道班主任该怎么做。我曾经得过很多荣誉，班级也带得非常好，但那些被证明都是浮云。我问自己，在孩子的生命历程中，我这样一个初中班主任究竟能够给他们带来什么？我现在所做的，有多少是真正有价值的？我知道，虽然我对自己说要放下，对学生说要放下，但其实并没有真的放下。尽管我不像以前那样追求结果，但并非完全不在乎结果。我曾经读过一篇文章，大概意思是说，教师的最高境界是'圣母'，那大约是佛家的状态了。"阿崑说。

"是的，"我表示赞同，"爱孩子，为孩子的成长付出一切，而不求任何回报，既是度人也是度己。这就是有佛性了。"

"那么，禅怎么说？"阿崑问。

"禅是儒道等其他思想与佛的融合，"我说，"禅是一种大智慧。当你把以前所有带班的成功方法全部忘光，做到挥洒自如、去留无意的时候，就离禅不远了。"

我们聊得畅快，却忘了本来是来钓鱼的。很久很久，我们的钓竿都没有鱼咬钩。我们不约而同地把鱼竿提出水面，鱼钩上空空如也，不知道什么时候，鱼饵已经被鱼吃光了。

2014 年 10 月 26 日

深入"甘愿被欺凌"的背后

> 万老师：我班的小洪同学，多次被小汤同学欺负，有一次还流了鼻血。可是，小洪还是喜欢去找小汤玩。当我批评小汤时，他说："老师，是小洪先来惹我的，我都不想跟他玩！"在班里，小洪是个孤单的孩子，老师不喜欢他，也没有同学愿意跟他玩。小洪曾经跑到别的班里去找人玩，有时甚至会被低年级的同学欺负哭，但他依然乐此不疲。他的父母、爷爷奶奶基本放弃他了，对他的学习不管不问。也许在小洪心里，小汤比那些对他不理不睬的同学更好一些吧？作为班主任，我该怎么帮助像小洪这样的孩子呢？
>
> ——浙江省杭州市滨兴学校　姚贺国

在全球各地的中小学，校园欺凌都是一个大问题，许多国家都对校园欺凌问题做过调查，结果触目惊心。曾经遭遇过校园欺凌的学生比例，少的国家也在1/4到1/3，多的甚至超过一半。比较严重的国家如日本，仅在2011年就发生校园欺凌事件7万余起，超过200名学生因此而自杀。

应该说，校园欺凌在我国也不鲜见。随着移动互联网时代的到来，一些学生在欺负同伴时用移动设备对过程进行拍摄并上传至网络，场面血腥，常常引起轩然大波。

　　然而，本案例中的小汤对小洪的欺负却很难简单地定性为校园欺凌或校园暴力，除非教师有确凿的证据表明小汤对小洪进行了胁迫。小汤是一个什么样的学生，案例中并未提及。我的第一反应是，至少不能算是一个善良正直的孩子。但是转念一想，还真不能简单地下结论。

　　《水浒传》中有一个著名的故事，叫"杨志卖刀"，讲杨志落魄打算卖祖传宝刀，遇到泼皮牛二。牛二问这刀好在何处，杨志回答有三条：削铁如泥、吹毛断发以及杀人不见血。前两条都做了验证，牛二看中了这刀，便要杨志验证第三条，如不能验证刀就归他了。纠缠到最后，杨志怒不可遏，便挥刀杀了牛二。

　　遥想当年，我读《水浒传》时，是很为杨志这一刀而快意的。杨志虽吃了官司，但毕竟是为民除害，受人敬重与赏识，后来一路顺利，直到在黄泥冈丢了生辰纲。在卖刀一案中，牛二虽是受害者，杨志确实也拔了刀，但真要说杨志欺负牛二只怕大多数人都不同意。

　　可怜之人必有可恨之处。小洪无疑需要同情，然而小洪也实在可恨。去找低年级的学生玩，都能被"欺负"哭，还"乐此不疲"，也真是让人无语了。理智告诉我们，把小洪和牛二联系起来是不对的，但一名学生到了其他人要么不理他要么欺负他的地步，可见其自身的言行举止实在是可恶至极了。

　　作为教育者，即便是遇到可恶的学生，也要怀有大爱，关心他，帮助他。小洪的性格有重大缺陷，其背后是心理的扭曲，而这一切，的确不是他的错。他的家庭必须对此承担全部责任。要真正改变他，家校之间必须有深度的沟通和配合，共同协作，互为支撑，方能有所成效。

　　教师遇到类似小洪这样被"欺负"的情况，可以有三种不同的策略。

　　第一，不干预。两个孩子发生矛盾，一个吃亏了，到老师那里告状，老师头脑一热，把另一个孩子劈头盖脸骂一顿。且不说其中的是非曲直究竟如何需要细细分析，即便事实清楚，证据确凿，教师也要谨慎处理，不要随意替孩子出头。对于青少年来说，学会处理人际关系是成长中的重要一课，如果动辄就去找权威介入，事实上是会被同伴瞧不起的。长此以往，他必定会被小伙伴们唾弃。正确的方式应该是帮孩子分析问题，然后让他自己去解决矛盾。

第二，适度干预。如果发生矛盾的一方有过激行为，导致有不可预期的结果发生，教师就必须及时介入，给双方划好界限，约束双方的行为。就好像拳击比赛中的裁判一样，如果拳手抱在一起，裁判应及时中止比赛，并将两者分开。如果欺负人的一方的确存在暴力欺凌行为，且对他人的安全产生威胁，教师就必须采取措施，对欺凌者进行处理，对弱小者进行保护。

第三，深度干预。若当事学生已无法依靠自身力量改变其在群体中的地位或走出困境，教师便需要在一定时间内深度介入。例如，遇到类似小洪这样缺乏家人关爱的孩子，教师便应当勇敢地充当关爱他的角色。当然，既然决定深度介入，便需要做好自我牺牲的心理准备。因为，这需要投入大量的时间、精力和情感，成效也许还很缓慢。

深度干预也有不同的途径。第一种是委以重任，就好像玉皇大帝给孙悟空封了一个"弼马温"的称号并告诉他这个职位很重要一样，教师也可以将一项工作交由这个孩子完成，并通过各种途径向其说明这项工作的重要性。一开始可以分配较为简单的工作，以培养孩子的责任心，建立他的自信心。第二种是培养特长，如果能够发掘出这个孩子的某一项可以得到其他同学发自内心的赞叹的才能，那么这个孩子在班级里的形象就真正地树立起来了。以上两种途径都需要时间，如果情势紧迫，那么教师还可以采用第三种方法，类似于直接提拔其为"私人助理"，就是没有理由地亲近他、关心他，并一直将其带在身边。"狐假虎威"也行啊，至少让孩子感受到一些尊重的目光，体会到被尊重是什么滋味。

班主任在自身干预之后还可以考虑一些其他方式。例如，将全班分组，让孩子在小组中发挥作用，通过小组来帮助和保护他；也可以发动所有学科教师，对班级的后进生或问题生进行认领，让一名在学生心目中有威信的教师光明正大地成为该生的"保护伞"；或者，请心理教师重点跟踪与关注，制定专业的诊疗方案。

心理学上有一个词叫"投射"，例如，一个女孩儿，父亲有家庭暴力，她嫁人之后可能发现丈夫竟然也对她施以家暴，这便是不知不觉的投射，在潜意识层面她已经形成了对家暴的适应乃至选择。甘愿受欺凌的孩子也是如此，如果我们做出一点儿努力，能够改变他们一生的命运，这才彰显教师职业的光荣和崇高。

2014 年 11 月 30 日

话语背后的价值观

> 万老师：班主任在学生面前的一言一行都是教育。每位班主任都可能经常对学生说一些话，这些话背后的心思是什么，说话者自己清楚吗？这些话对于教育学生是否起到了正面作用？如果这些话会起到负面作用，以后要怎么说才好？
>
> ——一位网友

我读中学时，遇到好几位有特点的老师，至今难忘。

一位是语文老师，他常说的一句话是"下一个"。那段时间，不知什么原因，一半以上语文课被排在下午。春天，最困的时候，语文老师在讲台前讲课文，学生们在下面昏昏欲睡。语文老师不动声色，忽然提出一个问题，指名请第一排的一名学生回答。慌乱间，那名学生报了一个答案，老师摇摇头，轻轻吐出三个字——"下一个"，然后，又是"下一个"。最长的一次，全班有半数学生站在那里，直到有人回答正确才坐下。

另一位是政治老师，为了强调所讲的东西很重要，他常说"这道题一定会考的"。语气是那样斩钉截铁，不由分说。只是，他押题的本领不太高，常常落空，于是他的强调便受到轻视，由此便形成恶性循环，直到最后他说出："这次如果不考这道题，我就从楼上跳下去！"

还有一位是数学老师，他的口头禅是"不知道你们以后怎么办哦"。

在那个年代，上大学被认为是改变命运的机会，而班上的学生分数很糟糕，又不用心学，未来的确是让人揪心啊。

最后一位是英语老师，"你们以后会感谢我的"，是他经常挂在嘴边的话。这位老师很有想法，会在课上放原版录音给我们听，他非常注重对英语的应用，在那个年代，这是不多见的。当然，由于应试成绩不佳，他任教的时间不长就被换掉了。

如今，我也做了老师，观察到身边的教师常常不经意地重复一些话语，而自己，也有被学生熟记的口头禅。做班主任时，有一次和班级学生开了一个座谈会，学生无意中讲的一段话让我震动。这段话很简单：物理老师上课喜欢说"是吧"，同学中有人统计了一下，她一节课最多说了63次"是吧"。我当时就想，学生们都在不约而同地数数，这是一种怎样的课堂状态？

教师常说的话里包含什么样的信息？一节课40分钟，说了60多次"是吧"，由此可以判定，教师是整节课一讲到底，而且，教师笃信她讲的内容一定正确；说"这道题一定会考的"，反映了教师以考定教的思路，学习就是为了考试，考试成绩不好，平时成绩再好也是白忙；说"不知道你们以后怎么办哦"，是老师发自内心的担忧，是老师根据过去的经验来预测学生的未来；说"你们以后会感谢我的"，是对当下不自信的一种掩饰；而那句不动声色的"下一个"，则显示了教师的淡定从容，不怒自威。

我们每天都要说很多话，做很多事。其中有一些话是经常说的，有一些事是经常做的。这些言语和行为都包含着很多信息，看起来杂乱，但事实上深居其后的是两个关键因素：情绪与价值。

"这次如果不考这道题，我就从楼上跳下去！"这明显是气急败坏的表现。各种矛盾、争执、摩擦之所以升级，原因常常只有一个——情绪失控。因为态度不好，导致当事人失去理智，任性而为。青年教师常常犯的一个错误，并不是教育无方，而是情绪失控状态下的言行无状。

因此，心理学家常常提醒我们，要时刻觉察自身情绪的变化，并感受内心对这种情绪的态度，是快意、痛苦还是后悔？控制情绪，提升情商，是青年教师的必修课。

比情绪更深一层的，是价值。遇到同样的事情，有人淡定，有人暴躁，有人乐观，有人悲观。一个广为流传的笑话说，甲和乙同时在看书的时候睡着了，老师评论甲"看书的时候竟然睡觉"，评论乙"睡觉的时候还在看书"。

长远来看，教师的只言片语如同天上的浮云，对学生的成长不会有太大的作用。真正产生影响的，是教师的价值观。我们要挖掘和反思的，是我们言语背后的价值观。那些通过言语不经意间透露的，恰恰是我们内心的秘密，我们是一个怎样的人，我们的修养、视野、胸怀等，只要一开口，就会完全暴露出来。

今天，基础教育界面临的最大问题是学校的教育价值与学生生命成长所要追求的价值之间的矛盾。学校要控制，学生要自由；学校要分数，学生要成长，教师则成为夹缝中迷茫的一群人。

对那些教了一辈子书临近退休却对教育越来越迷惑的老教师来说，其职业生涯必定是充满遗憾的。教育是探寻价值、发现价值、追求价值的旅程，不仅对学生，对教师也同样如此。

2015 年 3 月 19 日

我们该为学生做什么

好友童老师来上海旅游，我尽东道之谊，请童老师吃了个晚饭。席间，不可避免地谈到教育。

童老师在小学教育领域耕耘多年，最近刚出了一本班主任工作方面的著作，我向她表示祝贺。话锋一转，我说："现在有很多人认为，班主任和德育不能画等号，班主任是教育行政体系中的一环，承担的主要职责是管理。而管理和教育在某种程度上是冲突的。"

童老师很有兴趣地侧耳倾听。

"例如，我们学校有两位小学班主任，俩人在同一个年级。一位认为孩子尤其是男孩子调皮是正常的，因此，她对自己班级的孩子非常宽容，在旁人看来近乎放纵。孩子很开心，但班级秩序不可避免地受到影响。另一位班主任则十分严谨，班级管理得井井有条，学生纪律严明，收放自如。可想而知，到了上公开课时，后面那位老师的班级很忙，而前者的班级无人选择。"我说。

"你认为哪一位班主任更优秀？"我问童老师。

"从目前各学校班主任的评价现状来看，当然是班级纪律好的班主任更优秀了。"她说。

"是啊，"我点点头，"可是我们再想一想，在纪律更好的班级的孩子，是不是未来发展更优秀？而那些小时候表现得比较调皮的孩子，未来是不是更糟糕？我看不见得。从管理的角度看，后一位班主任无疑更好，但从教育的角度看，我认为前一位班主任更有远见。"

"因为她至少没有用威权的方式压抑学生的个性。"童老师补充说。

我与童老师相识于一次教育会议，那次，她做了一个主题发言，我则参与了一个沙龙讨论环节。参会的教育界大腕有很多，我们却一见如故，很聊得来。

　　我说："我最近一直在思考一个问题：学校教育究竟对孩子的成长有多少帮助？对孩子来说，读这所学校，与读那所学校，究竟有什么区别？"

　　"你有什么收获吗？"童老师问。

　　我说："我联想起我自己的求学经历。在那个年代，教师水平参差不齐，有人满腹经纶，才华横溢，有人则水平低劣，滥竽充数。我中途转过好几所学校，其中有两所学校非常差，但我依然读得很好。"

　　"对于你这样的资优生来说，好成绩是你自己学习得来的，学校和教师的影响并不大。"她说。

　　"是啊，"我说，"也正是这个原因，我对母校的情感就不如当年的那些学困生来得强烈。可能他们觉得老师们付出了很多，而我甚至还觉得学校当年为学生创造的学习条件还不够好。"

　　"教育是面向未来的，那我们该为孩子的未来做些什么？"童老师问。

　　童老师的话语不多，但常常切中要害。我冲她竖起大拇指，说："好问题！我的一位同事，有一次带着一位学生领袖外出参加一个会议，这名学生在我们这个十二年一贯制的学校待了十一年，一直非常优秀。在旅途中，他向老师陈述了一个观点，老师很震惊，回来跟我们分享。学生说：'这些年我为学校带来了很多荣誉，可是学校并没有为我做什么！'"

　　"这话很多老师初听可能会生气，可是静下心来想一想，学生的不满是有道理的。我们今天管理学校的思路，常常是着眼于当下，而很少面向未来。咱们看看大部分班主任做的那些事情，不都是为了维持班级的良好秩序吗？至于激励学生的精神面貌，目标指向乃是应试成绩。对于学业中等或中等偏下的学生来说，这样的管理有作用。但对于那些最顶端的学生来说，这样的体系无疑是对他们的约束！

"今天的中国教育所面临的任务，已经不是为流水线生产提供合格的工人，而是要为各行各业提供顶尖的创新型人才。这些人未来要在世界的舞台上与各国同龄人竞争，我们的学校教育又何曾为这些学生思考和设计过？"我说。

我直抒胸臆，童老师听得有些目瞪口呆。"好吧，我觉得你讲得有道理。那你觉得学校应该怎么做？"她问。

我说："未来的学校，知识传授可能会完全通过信息技术手段完成，教师要转变成为平台的创设者和教育活动的组织者，学校将成为各种教育资源的聚集地，学生的心灵成长、人格形成、心理健全等将在生生之间、师生之间以及学生与外在环境之间的互动中完成，这也将成为学校教育的最重要任务之一。"

听了这番论述，童老师举杯敬我。我却向她坦诚，我对教育的现状并不乐观。

"为什么？"童老师瞪着眼看我。

我说："我认识一位培训师朋友，他是做企业管理培训的，颇有些声望。他这样评价自己的职业生涯——与其说是培训别人，不如说是培训自己。在成为著名培训师的道路上，可以说是毁人无数，如今回想起来，真有点儿对不起他们。培训师如此，那么教师呢？都说教师成就学生，可是你看那些名师，在他们的成长过程中，不知道犯了多少错误，耽误了多少学生，才成就他们今日的辉煌！"

童老师沉默不语，似乎在回想什么。我忽然想起来她也是名师，《人民日报》都发过报道，自己这番言语不免有失偏颇，心中隐隐生起一丝不安。

2015 年 3 月 26 日

第四辑　学校教育的核心

学校教育的核心

一

从本学期起，周一下午的中层会议增加了一个学习环节，我称之为"拼图式学习"。所谓"拼图式学习"，即将学校管理的诸方面列成主题菜单，开学初请中层"认领"，然后各位中层依次在中层会议上主持一个小时的主题学习。每一位主讲者要提前一周将自己收集整理的书面阅读材料发给其他与会者，并且要对这个学习过程进行设计，设计方案还要与专家组商议。在某种程度上来说，与设计一节公开课差不多。只不过，我们这样的学习不是作秀，更强调实效。

这周轮到的是生活部的主管徐老师，徐老师选择的主题自然是学生的住宿管理与教育。

平和双语学校是寄宿制学校，除了国际部之外，小学、初中、高中部的学生绝大多数都住宿。这些年，生活部在寄宿学生的管理和教育方面做了很多工作，积累了许多宝贵的经验。尤其是针对低年段学生的生活成长系列课程，分为八大模块，针对学生成长过程中的各个方面，进行了有效的教育设计，孩子的成长和进步显著，受到家长的高度赞赏。

在常人的眼里，我们的工作已经很出色，然而，我们还是清醒地看到了很多不足：关于学校的核心价值和育人目标有很多的表述，但是具体的实施与落实途径并不十分清晰；在学生的品格培养方面，高年段学生的行为规范还有所欠缺；学校管理有时会受到外界的干扰，部分家长在孩子出现问题时不配合学校的教育……

对这些问题，徐老师自己也有很多困惑。尽管她带领的生活老师团队工作十分敬业，已经在她们的能力范围之内努力做到最好，但是，从更高的层面来看，生活部依然不可避免地成为学校教育的一块短板，学生在教学区被掩盖的问题在生活区真实地呈现出来，让生活老师心有余而力不足。有些问题涉及个别老师个人的教育能力，更多的问题，按照徐老师的观点，则涉及学校制度层面的设计。

二

在讨论中，有老师说，学生在教学区不自由，可能被压抑了，到了生活区就要释放。

还有老师说，学生可能把宿舍当成他们的家了，因此，想做什么就做什么。

讨论源于徐老师提供的一个个案：晚上，宿舍各楼层会给学生提供点心和水果。有学生会到别的楼层去串门，看到点心和水果也不考虑是不是他的那一份，拿起来就吃。甚至还有极个别孩子趁老师不备，偷水果回宿舍与同伴分享。

说起来这也不是什么大事。平和的孩子不愁吃不愁穿，在家里想吃什么就能吃什么，所以可能并没有太多这方面的意识，并非品性恶劣。一位小学老师甚至描述过她班级的家长是如何带着儿子去超市购物的：儿子走在前面，父亲推着购物车跟在后面，孩子看中什么就直接拿了往购物车里扔，根本不需要看价钱。最后装了一车的商品，孩子直接走出超市，父亲排队埋单。这位父亲很可能觉得自己平时跟孩子接触不多，于是用这种方式来补偿。殊不知反而让孩子养成做事无须承担责任的意识——反正有人替他埋单。

孩子是无辜的，如果孩子在成长过程中缺少必要的经历，如何让他们形成我们希望看到的品质？这些年，老师感受最深刻的一点是，每次组织学生外出游学，无论如何提醒，总是有学生丢三落四。第一天张三把衣服落在游乐场，第二天李四说钱包忘在了便利店，最后一天上飞机前王五惊奇地发现护照找不到了……这些孩子并非故意，的确是日常生活中的常态。丢一件衣服或者一个钱包，对他们来说后果相当不严重。要是穷人家的孩子，稍微值钱的东西定会攥得紧紧的，怎么会轻易丢失？

三

"富二代"的教育是一个难题，学校能为此做点儿什么？

之前我和徐老师就这次的学习长谈过两个小时。我问她："你记得小学或中学时的校训吗？"

她想了想说："那时候的学校好像没有校训。"

我只好问："那你觉得以前学校的教育有没有对你的品格塑造起到作用呢？"

徐老师说："我是运动员出身，我以前读的是体育运动学校。我觉得那几年的学校生活磨炼了我的意志。今天回想起来，我比较有韧劲，百折不挠，同事称我是'打不死的小强'，这都跟那段经历有很大关系。"

徐老师所言非虚。生活部承受着太多的压力，徐老师在十分困难的情况下，能把工作做到这样的程度，实属不易。当然，由于学校的要求比较高，她也经常受到一些批评，但她总是默默接受，可以说是忍辱负重。

我点点头说："这从另一个侧面说明了体育运动的重要性不亚于任何一门学科。在'拼图式学习'时，你不妨问问大家刚刚那个问题：有谁还记得以前学校的校训？如果有人记得，那么，紧接着问下一个问题：那些校训落实到你的身上了吗？"

我对这个问题的答案是有把握的。中国99%以上的学校的校训都很空泛，能够被毕业多年的学生记住已经很不容易，根本不可能有什么实效。而且，在以军事化管理的超级中学大行其道的年代里，很少有学校会去真正地琢磨校训，落实校训。

四

学校教育的核心是什么？这是我这段时间一直思考的问题。

开学前的一天，已经毕业的倪同学来学校看我。他在美国一所理工学院读大二。见到我，他开门见山地说出他的目的。

作为一所寄宿制学校，从建校之初，我们就设置了家校联系册，教师将学生在校的表现记录下来，周末让学生带回家给家长签字。家长有些什么想法，也可以在家校联系册上留言。随着科技的发展尤其是互联网技术的兴盛，这样一本纸质的家校联系册发挥的作用已经越来越小。在一些班级，微信群里的交流十分热烈，家校联系每天都在进行。

倪同学的专业是计算机，善于编程。他对我说，他打算编一个程序，把家校联系册网络化，让家长在电脑乃至手机上都可以看到学校对学生的评价。

不管他的计划是否可行，我都在心里暗自赞赏，这孩子真是头脑灵活。想想我自己在读大学时，根本没有想过利用自己所学专业去找自己的母校做生意。

我们之后又共同回忆了他在平和学校的学习和生活，在交谈中，倪同学说出了一番不凡的见解。

他说："学校其实不必太过注重学习的内容，那些东西，并不是最重要的。"

"哦？"我问，"那什么才重要？"

"学习的习惯和兴趣，"他说，"学生在学校里考试得高分，并不能说明什么。很多同学中学时成绩很好，读了大学之后成绩都很一般。但是学习的习惯和兴趣会让他终身受益。"

"你以前读书成绩怎么样？"我问。

"我算好的，"他回答，"跟我们班那'五朵金花'比可能有点儿小差距，在男生里绝对属于前列。"

我想起来了，他那个班当时有五个女生都是超级学霸，被老师赞为"五朵金花"。

"我当年学的很多知识都已经淡忘了，"他接着说，"不过，喜欢思考的习惯却一直伴随着我。"

我被他的话打动，灵魂出窍，想起来很多年前学过的教科书上的那个著名的故事——买椟还珠。

在教育的过程中，什么是椟？什么又是珠？

一名学生回母校看老师，见到某某老师，很惭愧地说："老师，真对不起，您当年教我的那些知识，我都还给您了。"学生之所以惭愧，是因为觉得自己这样是不对的。学生在学校里最重要的任务是学习知识，而那些知识，最终却从哪儿来，回哪儿去。

那么，学生在学校里有没有学到了就还不回去的东西呢？

答案是肯定的。如倪同学所说，学习的习惯与兴趣，一旦养成，就不会失去。学生在学校里，一定会读一些自己感兴趣的杂书，学到一些学习之外的技能，交到知心的朋友，也逐渐学会如何与各色人等父往，发展自己的兴趣爱好等。这些，都会伴随孩子的一生。

传统的观点认为，知识和学科成绩是珠，其他都是椟。这是几乎所有人的看法，也是当今大多数学校的做法。

但倪同学却一针见血地指出：学习的习惯和兴趣才是珠，其他的都是椟。因此，那些学科知识还给老师又何妨？反正无价的珠宝我已经拿走了。

五

我对徐老师说："学校教育的结果让人不满意，是因为很多问题我们还是没想清楚。只有把问题真正想清楚了，目标才会明确。"

"我觉得，未来几年，生活部的教育可以在以下三个方面下功夫：

"第一个方面是学生的行为规范。我们要给学生一个自由的成长环境，但是自由是有边界的，我们要找到这个边界，把它画出来，作为行为规范的底线。在这个边界内，学生可以自由活动。

"第二个方面是学生支持与服务系统。学生在校园内成长，我们要提供各种各样必需的平台支持。除了每个学生都离不开的教学、住宿、食堂、交通、校服、图书馆、医务室等之外，还要考虑各种可能发生的情况。前不久，一名学生家中出现重大变故，导致这学期学费一直未交。财务室打算下发通知，给出截止日期，否则拒绝该生来校上学。学校里如果有足够强大的支持系统，就会设立相应的基金，类似这样的学生，便可以申请基金付学费，至少保证他读完一个学期或者一个学年，而不至于中途离校，无处读书。

"实际上，国外的那些顶尖大学，学生的支持与服务系统是非常完备的。学生如果一切正常，不会感觉到这个系统的存在，但是一旦出了问题，这个系统就会浮现出来，帮助学生攻克一切难关。

"第三个方面是价值观教育。或者说是品格教育、品德教育，也就是校训主要表达的意思与想要起到的作用。这一部分是学校教育的核心，前面两个部分是为这部分服务的。当然，很多学校前面两方面根本就没有做好，更遑论第三方面。大多数学校的思路还是控制，是基于学校角度的管控，而不是基于学生角度的发展。"我说。

六

学生行为规范，在平和不是很大的问题，但是执行效果一直没有达到我们理想的状态。

几年前我们就制定了《学生校园生活手册》，对学生的校园行为规范进行了详细的界定。后来，还对《学生校园生活手册》进行了修订，显示出我们对这项工作的重视。

国际部将该手册翻译成英文版，并根据国际部的实际情况做了相应的修订。高中部则参考国外多所同类学校的学生手册，制定了符合国际惯例的《平和高中学生手册》，历经学生代表、全体班主任、家长代表、学生会成员等几轮意见征询，有中英双语版本，应该说也相当完备。

至于生活部的制度，建校十七年来已几经完善，也完全成体系了。

然而，在执行过程中始终存在不尽如人意之处。一个重要的原因是有"法"不依，执"法"不严。反思下来，一方面是由于执"法"理念有偏差，几年前学校还在沿用公办学校系统的分级处分制，另一方面则是因为中国的执"法"环境本来就不好。每次学校要严厉处罚违纪学生，家长便来说情。遇到通情达理的家长倒也罢了，若遇到一些不讲道理的家长，揪住处理过程中的一些瑕疵不放，甚至大做文章，蛮横耍赖，会把学校搞得很疲惫。

在很多管理严格的学校，学生行为规范管理并不是难点。因为学校本身就是以控制为主，学生自由思考的空间很小，学校有一种遵守与服从的管理文化。但是在平和，因为提倡平等民主的氛围，学生维护自身权益的意识很强，也并没有很强的服从权威的概念，管理者遇到的考验就会大得多。

我对徐老师说："幸好我们现在找到了一种很好的方法，就是请外教来负责行为规范的执行。在规则完善的情况下，请原则性更强的外教执'法'有双重好处，一是外教就事论事，不会像我们那样夹杂情感的因素；二是学生和家长因为语言的因素，在事实清楚的情况下，很难再胡搅蛮缠。当然，学生申诉的渠道一定要建立并完善，以确保学生的合法权益得到保障。"

事实上，本学期，我们已经在高中部做了很好的尝试，效果十分显著。下一步，完全可以将学生在生活部的行为规范也纳入外教管辖的范围。

七

在学生行为规范与支持服务系统完全解决的情况下，我们自然而然地就会聚焦于学生的人格形成。作为一所中西合璧的学校，我们希望中华文化的根与魂能够在学校的核心价值中有所体现。

按照余秋雨的理解，文化包含两部分，精神价值与生活方式。而精神价值更是文化的核心。荣格说，一切文化都沉淀为人格。因此，一个民族的文化也就是这个民族的集体人格。不同民族的人格理想各不相同，有先知、英雄、绅士、骑士、浪人等。而中国人的人格理想是君子。因此，余秋雨认为，中华文化的核心是——君子之道。

儒家对君子的阐述颇多，为了讲清楚什么是君子，孔子塑造了与之相对立的"小人"。《论语》中描述君子与小人之处甚多：君子坦荡荡，小人常戚戚；君子怀德，小人怀土；君子周而不比，小人比而不周；君子成人之美，不成人之恶，小人反是；君子泰而不骄，小人骄而不泰；君子求诸己，小人求诸人……

君子之道的核心是"成人之美"，是"与人为善"，是"恕"。

君子之道有两个附属之道，也是其两个层面，一个属行为方式，叫作礼仪之道。例如，中华文化强调"孝"道，子女对父母的礼数必须周到，乃至早晚都要请安。各种节日的庆祝也是礼仪。礼仪之道是一种强制性的行为规范，文化通过这些行为规范一代代传承下去。另一个属思维方式，叫作中庸之道。中庸之道并非一些人理解的折中主义、和稀泥、老好先生乃至庸庸碌碌，而是一种极高的智慧。其核心理念是反对一切极端主义。也正因为中庸之道，中华文化成为如今唯一没有遭到毁灭和断代的古文明。

余秋雨先生的上述论述颇为精辟，尤其是对礼仪之道的强调，极具可操作性。相比日本、新加坡等国家的教育，我们对礼仪教育的忽视可以说到了惊人的地步。

八

相声是国粹，相声大师郭德纲深受中国传统文化的影响，对礼仪十分推崇。近期他的一篇博文引起很多人的共鸣：

一日与师哥王少立先生聊天，他提起我儿麒麟一个劲地夸奖。"少爷挺懂事！""怎么呢？""每次见面都知道站起来打招呼。""这不是应该的吗？""唉，现在的孩子净是不懂规矩的。"我（郭德纲）愣了一下，细细咂摸"规矩"这两个字。

人活一世是要有规矩的。有礼数有体统，正所谓"无规矩不成方圆"。孩子在街上走，穿着打扮看娘的手艺，说话办事显出爹的教导。全家人围坐用餐，大人不动孩子不能动。长辈坐正中，其他人依次而坐，一般来说夫妻要挨着。有的孩子得宠，可以挨着老人，但座椅不可高于长辈。吃饭坐哪就不能再换，端着碗满处跑那是要饭的。用筷子敲盘碗，有乞丐之嫌疑，在外吃饭这叫骂厨子。喝汤不许吸溜，吃饭不许吧嗒嘴，要闭上嘴嚼。筷子不许立插米饭中，因为象征香炉，只有死刑犯的辞阳饭才这样插筷子。吃饭时，手要扶碗，绝不许一只手在桌下。家有客人，要谨记茶七、饭八、酒满。客人添饭时一定不能说：还要饭吗？必须问：给您再添点儿？上人家里串门，敲门时先敲一下，再连敲两下。急促的拍门属于报丧，本家必不悦。递剪子时要手攥剪子尖儿，把剪刀柄让给对方。与人拍照合影，轻易不要手搭对方肩膀，长辈疼孩子方可。

另外，不许叉腿待着，不许咋咋呼呼，不许嗑牙花子，不许斜着眼看人，老话说眼斜心不正。不许撸袖子挽裤腿，不许抖腿，所谓男抖贱女抖浪。与人交谈必须称您，第三人称尊称要说怹 (tān)。

规矩可以不遵守，但不能被毁灭。

我想起我的爷爷辈，的确是有很多规矩，但在如今的年轻一代那里，这些规矩都十分淡薄了。提倡礼仪并不是复古，而是传承。礼仪作为传统文化的载体，背后体现出一种文化的价值。我们不仅要告诉学生怎么做，还要告诉他们为什么这么做。未来的平和，应当专设礼仪课，以解决学生的行为规范问题。

九

至于中庸之道，受余秋雨先生的启发，我觉得在学校文化的建设中至少可以提倡三件事。

第一件事，提倡合作，而不是竞争。"君子和而不同，小人同而不和。"教师群体应该是一个学习共同体，但如果大家表面上表示赞同，暗地里钩心斗角，相互拆台，团队效率必定低下，学校文化也就一团糟。

第二件事，强调教师的人格，甚于才能。学校教育如果离开了人格教育，则意义不大。人格教育正是靠教师的人格来影响与熏陶学生。余秋雨曾说过，他小时候所在的乡村，他妈妈是村里唯一识字的人，于是妈妈承担了免费为村里人写信、读信的工作，他年岁稍长后，便接替了这一工作。家里不愿意浪费柴火，平时都喝井水，但遇到流浪汉，外婆一定给他们喝煮沸过的水。理由很简单，村里人如果拉肚子，还有郎中，流浪汉如果拉肚子，可能就是致命的。外婆不识字，但对少年余秋雨影响至深。

第三件事，倡导宽容，不走极端。有时候为了维护所谓的秩序与纪律，而采取过于激进的措施，对团队文化的建设并不一定是好事。在这方面，领导要以身作则。对于那些有个性的教师，尤其要海纳百川，善于包容。只要教师不是触碰了师德底线，即便对管理者有不敬或过激之语，也大可一笑置之。以德报怨或以直报怨皆是很好的境界，以怨报怨是最糟糕的结局。

学校教育的文化内涵首先着落在学校教育者的集体人格中，伟大悠久的中华文化是否能通过我们的教育传承给下一代，最终还是要看教师。

十

作为一所优秀的学校，平和已经得到社会的认可。新学期，我们提出成为卓越学校的目标。我们别无选择，只有向前。虽然困难很多，阻力很大，但至少方向是明确的。有着像徐老师这样在平和奉献多年的教师和中层，平和美好的未来可以期待。

2013 年 11 月 10 日

最快乐的时候

心理学家研究证明，人生最快乐的时候是在追逐梦想时。于我而言，还有另一种快乐——学生来找我谈他们的梦想。

周五下午，三名初中的女生找到我，谢同学上初二，江同学和柴同学上初一，她们是初中文学社的成员。这个文学社去年成立，在老师的指导下出版了一份刊物，她们拿过来给我看。

刊物名叫"梧桐语"。我问她们："这个名字有什么意思吗？"

谢同学说："学校的大门在黄杨路上，不过路上栽种的不是黄杨，而是梧桐，杂志便取'梧桐低语'之意。"

梧桐到处都有，取这名字略有些俗。我并没有更好的名字，再说学生好不容易出一份刊物，还是应当以鼓励为主。

刊物品质不错，全彩页，颜色明亮，纸质上乘。我随手翻了翻，排版活泼，语言生动，几篇读后感颇有思想。

三人告诉我，杂志印了500本，总共花了5000多元。每本定价20元，在初中同学中已经卖了170多本，在高中部也卖了10本。想去小学部推销，被老师拦住了。她们请我给杂志提建议，我想了想，说了四点。

第一，刊物要找准定位。我很不喜欢一些学校出的文学类刊物，本质是学生的作文集，而且还是应试类的作文集。此类刊物如果是老师编出来的，倒也可以理解，但如果是学生主导的，那就很悲哀了。你们编的刊物要让同学喜欢看，刚出来的时候同学们有新鲜感，可能会去买。可是若里面的文章大家不爱读，时间长了，你这个杂志就办不下去。以前初中有一份报纸就办得很好。我记得有一个男生，平时不声不响，文章却写得非常好。他写小说，想象力很丰富，连老师都喜欢看。你们要在校园里挖掘这样的写手，把它真正办成学生自己的杂志。

第二，杂志的版式可以做一些调整。现在这份杂志是 48 页，可以稍微多一些，64 页左右比较合适。此外，不一定完全做彩页，还可以偶尔出一期特刊，可以用厚一些的纸，但每期都用就不合适，毕竟这不是商业公司的宣传手册。既然想办成纯文学性的刊物，那就应该在内容上下功夫。一个真正有内涵的人，往往不会衣着光鲜。反之，一些人衣着光鲜，常常是虚张声势。

第三，办杂志要解决资金问题。长远来说，如果每一期杂志都要靠你们出去推销，收回成本很困难。其实可以考虑做一点儿市场营销。例如，这一期杂志的封三是空着的，如果能够拉到赞助，在杂志上登广告，你们就可以专心把杂志办好了。可以先在你们的文学社里做一些宣传，说不定有人能够找到资源。

第四，要想办法扩大影响。以前有一本杂志叫"萌芽"，本来默默无闻，后来举办了全国新概念作文大赛，一下子名声大震。韩寒、郭敬明等人都是从新概念作文大赛中走出来的。你们文学社可以考虑策划一次活动，同学们喜闻乐见的那种，不但可以吸引大家参与，更可以借机提高你们杂志的知名度。

我在提建议的时候，江同学埋头做着笔记。看来她们是有备而来的，而且分工明确。

我又问了一点儿社团的情况，与她们愉快地交谈，并鼓励她们有什么想法，随时可以来找我沟通。

三人还未走，蒋同学已经在门口等着了。蒋同学是我以前教过的一名学生，高中毕业之后，去美国读本科，现在读大二。此次圣诞节放假回来，应高中学生电视台之约做一期访谈节目，顺便来看看我。

我跟蒋同学说起前面三人办文学刊物之事，蒋同学很感慨地说：

"我们那时也有类似的想法。现在学校的环境更加宽松了，现在的孩子比我们幸运。"

蒋同学告诉我，她在大学里读国际关系与心理学双专业。"你很累吧？"我问她。她摇摇头说："因为自己喜欢，所以还挺开心的。"

蒋同学谈起她的大学生活，谈起她在联合国的实习，谈起她最近做的一个关于艺术疗法的项目。她找了一些以色列和巴勒斯坦的孩子，用音乐等一些艺术的方法，来消除他们内心的隔阂。这样，就把她学的两个专业都结合起来了。

我夸赞蒋同学像那种贴地而长的植物，根扎得很深，不招摇，却茂盛地生长。"我感受到了你内心的那种自信、坚定，"我说，"待会儿做节目，可以跟学弟学妹们提一些建议，从一名大学生的角度看待中学阶段的学习，会有更好的感悟。"

蒋同学点点头说："是啊。从平和高中毕业到美国读大学，感觉非常适应。我身边有些同学，以前读的是国内的公办中学，他们成绩很好，考试能拿高分，但是却会迷惘，不知道自己将来能做什么。我在初中和高中时就参与了很多活动，在这些活动中，我对自己有了深刻的认识，知道自己究竟喜欢什么，擅长什么，做事情就比较容易专注。平和给大家提供这么好的平台，真的一定得珍惜。"

蒋同学接着说："暑假里我去《新民晚报》实习，有几个国内的大学生跟我在一个部门。他们给我的感觉就是要拿那个实习证书，而不是真正想了解这个行业，这个领域。对我自己而言，这次实习感觉收获很大，但其他人可能更看重的是那个盖了章的证明。"

我不禁要为蒋同学鼓起掌来。"你这个心得，一定要在访谈节目中表达出来。"我说，"也谢谢你，从你的身上，我们更加看清楚了平和教育的价值！"

负责访谈蒋同学的平和电视台负责人张同学也用自身的经历给出了证明。学期初，她主动来找我沟通电视台一年的工作设想，而今，这些计划都在一点点儿展开。张同学初中毕业于市区一所知名初中，成绩是年级前十，属于学霸型。进入平和高中一年来，她积极参与各种活动，不仅学业成绩保持优异，综合能力更是得到明显提升。在与初中同学碰面的时候，大家都感叹于她发生的变化。张同学说："他们的学校没有我们这样的课程平台，对他们来说，学习考试还是最重要的事。"

与这些孩子聊天，绝对心情愉悦，即便周五的天气并不晴朗，空气中充满雾霾。

2013 年 12 月 31 日

师本佳人

那天，我和本校英语教研组长张老师谈工作。我们谈了很长时间的课程改革，末了，她突然说一句，"其实，我最喜欢做的还是班主任"。

她的话让我很是惊喜，这年头，如果没有外在经济刺激或行政安排，真心喜欢做班主任的老师真是不多。许多老师做班主任皆是被学校安排，特别是年轻教师，刚工作不久，资历尚浅，只能接受学校任命。能够尽职尽责完成工作、维持局面，已属不错。

我对她说："我记得你以前做班主任时就挺有想法，一直致力于为学生成长搭建各种平台。你在一篇文章中也说过，所谓班级，就是学生成长的舞台。"

她微笑着摇摇头说："还不止于此。"

我看着她，等她说下去。

"您知道吗？我现在教学，在知识的传授上只花30%的精力。"她说。

"那另外70%呢？"我问。

"另外的70%，我都用来和学生沟通。不是一般的沟通，而是那种很细微的内心深处的沟通。孩子的心灵，是一个多么丰富的世界！我们多少老师根本就不了解！有一个女生，在小学时功课全优，绝对是老师心目中的优等生，升入中学后，竟然连续两周拒绝做作业。有谁知道她心中的苦楚？我们学校的孩子普遍家境富有，家里有房有车，吃穿不愁，可是他们心里的那种压抑，那种苦闷，以及由此表现出来的抗拒，我都能体会得到。我有时会想，我们学校的学生负担已经算很轻了，老师已经算开明了，孩子的压力还这么大，那如果是普通学校的孩子，岂不是更苦？”她说。

我深受感动，赞赏她说：“沟通有三个层次，第一个层次是语言，包括手势、面部表情等身体语言，第二个层次是思想，第三个层次是心灵。你已经直达第三个层次了！”

张老师谦虚地笑笑，说：“我还没那么厉害。不过确实会一句话就把学生说哭了，或者说笑了，而且知道他们为什么哭或者笑。”

能进入孩子的内心世界，感受他们的欢乐与痛苦，这才是老师真正要做的，这也是教育的重要目的。有多少学校，多少班主任，多少科任教师是这么想的？

一、奈何为寇

我想起近来频发的医闹事件，患者大闹医院，辱骂殴打医护人员，甚至致伤致残。医本佳人，白衣天使，救死扶伤，多么美好的职业，奈何为寇，落至被群殴的境地？

我又想起 2013 年底某地一小学五年级学生跳楼自杀，留下一封遗书，上面写着“老师我做不到，跳楼时我好几次都缩回来了”。可最终还是跳了下去，只因班主任不经意间的一句批评。曝光之后，当事班主任处境悲凉，人神共愤，千夫所指，以至“在殡仪馆哭晕”。

把医生与教师放在一起对比，是因为这两个职业实在有太多的共同点：都很受政府重视，都关乎民生，都是崇高的职业，都市场化不充分，都严重跑偏，都在不断改革，都让人民群众不满意……跑偏的原因，是目标不对。医院逐利，学校逐分。看深一层，是体制弊端，如市场充分竞争，服务质量会有根本改观。另有一层，是道德境界不够。说社会责任主旨过于宏大，但基本职业良心都不能坚守，那就是自己堕落成“寇”了。

"寇"有两个含义，走投无路、落草上山被围剿是为寇，横行乡里、欺行霸市耍威风也是寇。"当官不为民做主，不如回家卖红薯。"教师与学生间的关系也是如此。少数孩子走投无路、选择极端方式缓解压力的表象下，是更多孩子心灵受到压抑的普遍现实。其中，教师即使不是罪魁祸首，也是帮凶吧。

一位家长很心疼自己读初三的孩子，去学校找校长理论，说："你们就不能改改吗？什么'堂堂练''周周爽''月月清'，都什么年代了，还用这么落后的方法，知道孩子有多苦吗？"校长什么态度？此山是我开，此树是我栽，进了这个门，你就得低下这个头。意思是，我们一向如此，你若不满，请自便，想进这所学校的人排队等着呢！此种态度，与寇何异？

二、养人先养心

师本佳人，当以育人为己任。教育的秘诀在于一个"养"字。养什么？养"心"。养鱼先养水，养树先养根，养人先养心。

我问张老师："在你眼里，我们学校教育好的地方是什么呢？"

她回答："有一批好的老师在学生成长过程中给学生以宽容并对学生心灵产生影响。"

我细细体会她这句话。"能举几个例子吗？"我问。

她说了几个名字，然后补充说："放在其他学校，这些老师可能都会被看成奇葩。"

我必须承认她说的是事实。其实张老师自己也颇为奇葩：作为学科教师，将30%的精力用于教学，70%的精力用于沟通，学科成绩能有所交代，但更关注学生的心灵成长。用她自己的话说，是去触碰学生心中最敏感的部分。要是去跟普通教师讲这些，他们能理解吗？

三、洞察与宽容

在我看来，张老师很好地诠释了教育的两个要素：洞察与宽容。

你去观察一个山洞，一般只能看到洞口的情景，洞里面的状况，需要用心去体察。孩子的内心世界，就需要我们用心体察。有人将洞察力比喻为开"心眼"，也就是一眼就能够看到内心。洞察力分为两种，一种是天赋，例如在艺术方面，有些艺术家对世界的感知与常人完全不同，却更为深邃；另一种则是觉悟，人人皆可掌握，但是需要长时间的体验、思考以及自我突破。

世界就在那里，我们的心有多大，世界就有多宽广。洞察即是开阔我们的眼界，因为我们太习惯于视而不见，到最后竟麻木不仁。好的教育一定是主动的、积极的、明察秋毫的。我们需要看清教育的本质。教育的本质是什么？帮助人自我认识、自我觉悟、自我实现。

宽容是对洞察必要而有益的补充。水至清则无鱼，人至察则无徒。缺乏宽容的洞察令人望而生畏。有了宽容的洞察，便会成就雪中送炭，一笑抵千言。

张老师所提到的那些让学生受益良多的教师的宽容，皆是洞察之后的宽容。它们恰如甘露，洒在学生的心灵，让那些在成长的过程中受过伤的心得到疗愈。教育是养心，养心，其实就是一种疗愈啊！

柏拉图说，教育是使人灵魂转向的艺术。洞察是灵魂的眼睛，宽容是灵魂的外衣。洞察让我们看清方向，宽容则让我们在正确的道路上走得更远。师本佳人，应当更加关注学生的生命、灵魂与精神成长，什么时候，当张老师这样的教育工作者成为大多数，不再被看作奇葩，学校才真正成为温暖的地方。

2014 年 4 月 27 日

学生支持与服务体系

一

这学期，学生电视台成立了一个校园传媒学院，旨在培养后续人才。不得不承认，这是一个非常好的主意。校园里的学生社团有一个致命的问题：很难做到长盛不衰。往往一段时间内一个社团在一名或数名学生领袖的带领下做得风生水起，可是传到下一任手里，很快就沉寂下去。学生是流动的，而大部分社团的社长在任也就一年的时间。连企业都不能做到基业长青，学生社团就更不用说了。

学生电视台是学校现有社团中人数最多、影响最大的一个，在前任社长王同学的带领下，迅速崛起，书写了一段传奇。王同学升入高三之后，退出社团管理，转而担任顾问。出于对电视台社团工作的热爱，他牵头成立了校园传媒学院，在六至十年级广泛招募学员并组织培训。短短一个星期，就有近百名低年段学生报名参与。对于我们这样一所初中和高中在一个校园的一贯制学校来说，高中社团的生命力就在于将根系延伸到初中阶段，在初中生中选拔人才进行培训。学生电视台此举很聪明，每年招新时它在高中众多社团中最受欢迎也就在情理之中。

在筹备校园传媒学院的过程中，王同学找我谈了两次。他做了一个详细的计划，然后拿着这个计划来寻求学校的帮助。在学校的预算中给学生活动的经费并不多，但我还是表态支持。我坚信学校投入这些经费产生的积极效果将是惊人的。

我安排了校长室的一位领导参加了校园传媒学院的成立典礼，同时也欣然受邀成为其讲师团的成员。学生做事很认真，他们自己创建了微博、微信和人人网小站，设计了ppt模板，同时要求所有讲师都到指定网站填写资料。虽然工作繁忙，但被学生驱动着做事别有一种惬意在心头。

二

一年以前，我有了在校园里创建学生支持与服务系统的想法。这个想法源自我们的高中国际课程在接受国际文凭组织（the International Baccalaureate Organization，英文缩写为IBO）五年回顾的检查中发生的一件事情。在五年回顾的报告中有一个部分要求学校描述特殊教育体系，我们递交上去的报告两次都没有获得通过。一开始，我们理所当然地认为，特殊教育是针对学习能力不足的学生而言的。我们学校作为一所生源较好的学校，这个问题并不突出。后来，我们逐渐意识到，所谓特殊教育，是一种个性化的服务理念，除了学习有困难的学生，资优学生也包含在内。由此我想到，对于一所现代学校而言，学生的个性化发展是一个很重要的领域，学校应该构建一个包含特殊教育在内的学生成长与发展的支持与服务体系。

上海纽约大学首批新生的招生过程也让我感到震撼。其招生的流程与国内大学大不相同，除了晚宴和游戏，学生还要分组参加团队活动、模拟课堂、面试、写作等一系列活动。以团队活动环节为例，学生4—5人组成一个小组，合作完成各项任务。比如，有一项任务是要求学生在规定时间内用意大利面和棉花糖搭建一座高塔。模拟课堂则涵盖物理、化学、数学、地理、历史、工程、法律、哲学、经济、管理、生物等不同学科。上海纽约大学派了最好的老师来给学生上课，并从中考查学生。让人震惊的是，招生过程中产生的费用全由学校埋单。除考生自行支付来回交通费用之外，校方承担了考生在酒店的所有住宿及餐饮费用。有人了解到考生入住的四星级大酒店一间标准间每晚的费用是 798 元（不含早餐），早餐另外收费 78 元／位。即便开出团队价，这笔费用仍旧不是个小数目。

学校的理念很简单，即便是没有被录取的学生也能从面试的过程中受益。而一旦学生被学校录取，从住宿、吃饭到选课、实习，学校都有不同的体系支撑。学生在学校内学习生活，非常独立自由。无论碰到何种困难，都能从学校的支持与服务体系内寻求到帮助。这是真正的以生为本，这也是这些学校的毕业生往往对母校怀有感恩之情的原因所在。

三

好的教育管理必须让学生经历从"要我"到"我要"再到"我爱"的阶段。应试教育的弊端之一，就是学生的生活完全是被安排的，他们往往疲于奔命，而无暇进行自主思考。理想的校园应该是由学生来做主，学生自己思考他们要选择什么样的课程，他们参与什么样的社团，并且自己制定目标并完善计划来实现它。学校要做的，就是提供支持与服务，帮助学生在实现梦想的过程中锻炼能力，增长才干。

期中考试后，校长室安排了一个每周一中午与学生共进午餐的活动。学生可以通过校长信箱提出申请。与学生共进午餐活动的出发点在于鼓励学生的主动性与积极性，同时为学生提供合理的支持，并以此重构学校的行政管理体系。

一家名叫 Universe 的学生公司的 CEO 发邮件给我，要与我约谈。这家公司的产品是纪念品，主打产品是自己设计的 T 恤等服装。我知道她们找我的目的，学生在学校里必须穿校服，她们希望学校能够允许学生在校园里穿着她们公司销售的服装。这样，她们的销售将会大幅增长。从技术上来说，这么做可行性非常小。因为政府主管部门现在对校服的管理非常严格，要成为校服必须通过严格的检测，检测费数万元，她们根本无力承担。不过，无论如何，要给她们一个机会，当面听听她们的陈述，总是有益的。我请校长办公室安排她们参加每周一次的校长午餐。谁知道呢？如果能被学生说服，也是令人激动的事。

四

学生、教师与学校三者的利益应当是高度一致的。关键在于学校是否将学生和教师的发展作为工作的核心目标。在移动互联网时代，组织的发展愈加彰显去中心化的特征。所谓去中心化，即去除行政中心，而凸显组织成员的平等地位。人人皆平等、主动参与组织事务，人人皆可为中心。

学校行政要支持与服务的不仅是学生，还包括教师。

前几周，小学数学组面向全市做了一个数学活动的展示。市教委教研室与各区教研室来到学校现场观摩。活动的主角和中心是小学数学组的教师，从前期组织到细节展示，皆由小学数学组负责。学校行政部门所做的只不过是提供一些支持与服务，如总务安排会场布置与录音录像、车辆接送，食堂负责提供茶歇，校务办负责提供嘉宾签到与学校宣传资料等。学校做出的最大努力是争取到了一个市级展示活动的举办权，因为小学数学组在过去的五年中在校本课程建设方面的探索卓有成效，完全配得上这个级别的展示。

办好学校的秘诀很简单——激发每一个人的活力。而我这个校长，是提供服务的人，提供的是各种激发潜能、帮助追寻梦想的服务。

2014 年 6 月 15 日

推动教师成长的三股力量

一

学期结束前的最后一次行政例会，我出人意料地请来了校园传媒学院的几个学生，让他们用 30 分钟的时间，给学校所有的中层做一个报告。

校园传媒学院是一个学生社团，成立不到两个月的时间，就取得了丰硕的成绩。我依稀记得三个月前当高中学生电视台前台长来找我，给了我一份策划书，表示打算和北京十一学校联合成立学生校园传媒学院，为校园传媒培养后备人才时，我内心的震动与怀疑：这件事意义深远，难度极大，学生能做好吗？出于对学生的信任与支持，我同意了他们的设想，即便最后的结果不理想，也要给学生这个机会。我在学校预算中做出了微小的调整，为他们添置了电话会议设备等。校园传媒学院的筹备和运作自始至终完全由学生主导，学校与教师只是在受邀和学生求助时才伸出援手。让我惊喜的是，在学期结束时，他们交出了一份令人惊艳的总结报告，电子文件多达几百兆，内容翔实，不仅详细描述了他们在短短几十天之内的工作，还对下一阶段的发展提出了设想。因此，我决定让他们到行政会议上来做总结。

30 分钟很快过去了，各部门的负责人纷纷表示有一种"震惊"的感觉，尤其是那些平时与这些学生接触不多的部门负责人。我总结说："学校工作分为三个境界：第一个境界是教师搭台，教师唱戏；第二个境界是教师搭台，学生唱戏；第三个境界是学生搭台，学生唱戏。学生校园传媒学院刚刚的展示就完美诠释了第三个境界，这是学校教育的终极目标，它就在我们身边发生了。通俗来说，这三个境界分别是教师自己玩儿，教师带着学生玩儿，学生带着教师玩儿。当教师被学生带着玩儿时，学生的主体性才能得到充分的体现，学生的潜能和内驱力才能得到充分的激发，学校才能真正成为学生成长与发展的舞台。"

二

新时期学校教育要转型，教师是教育转型的关键。如何推动教师转型，是所有学校管理者面临的难题。传统思维认为推动教师转型的力量来自上层，来自教育主管部门或者学校校长，而培训则成为一种被广泛采用的方式。收效如何呢？年年喊改年年改，真是屡战屡败，屡败屡战。我认为要真正推动教师转型，很好地运用另外三股力量至关重要。

第一股力量是学生。如前所述，若我们真正解放了学生，学生的表现会给教师带来极大的冲击。学生将平和双语学校与北京十一学校联合成立的学院最后命名为"和壹校园传媒学院"，还请到了中欧国际工商学院院长朱晓明与前央视主持人崔永元担任顾问。在他们交出的期末报告中，其中一部分内容让我这个校长也坐不住了。原来，学生用人力资源管理的专业方法对学院管理团队的 8 名学生成员进行了专业细致的分析，每个人都给出了书面报告，其中涉及的工具有 SWOT 分析法和360 度领导力测试等。相对于学生的工作，我们对教职员工的学年评估就显得那么粗糙而肤浅。在我给各部门负责人转发的邮件中，我提出了一个问题：我们该向学生学什么？如何学？

第二股力量是课程。大部分教师对上国家课程和地方课程比较适应，因为这些课程都有严谨的教学大纲和详尽的教学资料，教师只要认真执行即可。当教师带完一个毕业班，经过一轮循环，再次执行就更加驾轻就熟。在全社会都关注分数的大背景下，教师很容易止步于学科教师的角色，并不自觉成为应试教育的帮凶。学校教育的转型需要更多的学科教师向课程教师转变，这就需要教师具备课程意识，并能够开发校本课程。对一直躲在国家课程和地方课程遮阳伞下的教师而言，这是极大的挑战。因此，积极乃至稍微激进地推动课程改革，大力开发校本课程，打破教师的安全区，迫使他们进入伸展区，是有效的尝试。无数事实证明，在开发课程的过程中教师能获得巨大的成长，这样的成长常伴随着巨大的成就感，帮助老师更深刻地理解课程的本质，教育的本质。

第三股力量来自家长。学校是提供教育服务的地方，学生是顾客，家长则是消费者。在全世界几乎所有的地方，一所学校的办学质量几乎都是和学校所在的社区紧密相连的。同样是公办教育，同样的资源配置，不同的社区会办出迥然不同的学校，根本原因在于家长不同。可以这样说，家长是推动学校进步的最重要的力量。今天的学校办学，即便再封闭保守，也无法完全无视家长的需求。适度地将家长的资源引入学校教育管理过程，同时建立适当的机制，将家长的意见转化为推动学校转型的积极力量，是学校需要研究的课题。今天，随着越来越多的家长选择国际教育，国内教育已经受到极大的冲击，原有的教育体系必须更快更深地转型。

推动教师转变的因素有很多，政府主管部门与行业协会也同样是不可忽视的力量。近期，各地关于高考与中考的改革成为社会与学校关注的热点。然而，过往一次次的经验表明，在教育系统内，自上而下的变革尽管初衷很好，但是对一线教师的促进与提升效果往往不尽如人意。正所谓"上有政策，下有对策"，行政的推动是很好的开端，但目标的达成需要触及本质。

学生、课程、家长，来自这些方面的力量与诉求，会推动教师向他们应该成为的那个角色转变。十八届三中全会明确提出，市场在资源配置中起决定性作用，政府应逐渐放权，并转变角色与职能。同样，促进教师转型的决定性力量来自我们的工作内容与服务对象，而不仅仅是上级部门。

2014 年 9 月 13 日

谁是我们的敌人

出差结束，在南方一座城市的机场等飞机。飞机误点，百无聊赖的时候收到 Q 老师发来的微信：

万校长您好，请原谅我这么晚打扰您，我还在学校最后完善我明天讲课比赛的课件。非常感谢学校能给我这次机会展示自己，我也特别珍惜！就算不能成为最优秀的那个，我希望自己是最认真、最努力的那个！我明白，要改变大家的看法也许需要很多年。我一直在努力，希望有朝一日能摘掉"差生"的帽子，不再让您失望，谢谢您！

我看看表，已是晚上九点多。想到学校办公室里的灯光，Q 老师想必刚完成了她的工作，或许正在伸一个懒腰。她给我发消息输入文字时必定怀着如释重负又充满期待的心情，这些年，她艰苦奋斗的心路历程，在她发来的文字中尽显无遗。

我喜欢勤奋的人，勤奋意味着责任，勤奋意味着可信任。而如果这种勤奋带着一种谦卑的姿态，包容开放，创新求变，那就更加值得珍惜。Q 老师来自北方，朴实而爽朗，美中不足的是，她教的科目是英语，在所有学科中，语文与英语对教师的语言发音要求较高，Q 老师语言不错，但发音受地域影响，有口音。这不是她主观上的问题，但在我们这样一所注重国际氛围的学校，她的这一短板就成了一座大山，一直压在她的心头。

然而，并非所有的人都像 Q 老师一样勤奋而感恩。多年前离开平和的一位 W 老师，就对学校安排给她的一次周末教研活动非常不满。那是一个很高水平的课堂教学展示，教学展示之后还有一个高质量的论坛。W 老师向征求她反馈的教导主任说："感谢领导提供这样的机会，不过下次可不可以不要安排在周末？"

W 老师教语文，教学自成一体，颇有心得。她的课堂很受孩子们欢迎，也拿过市级比赛的大奖。然而这些年，从我听课的情况来看，W 老师的课并没有太多变化。她进入了瓶颈期却不自知。否则，这么好的学习机会，她怎么会视为负担呢？

在学校的教研会议上，我举了这两个例子，同时提问：谁是我们的敌人？我的这个问题并不完全是褒 Q 贬 W，就专业水平而言，W 并不弱。我所忧虑的是，从学校发展与个人发展的角度看，Q 积极进取，W 则消极守旧。

郑杰写过一本书，叫作《谁是教育的敌人》。郑杰认为，教育存在着两大敌人：一是"一切从实际出发"，二是"统一思想"。教育一旦从实际出发，那么教育的大问题便迅速被实际中的小问题所羁绊，最终被葬送在功利世界里，失去梦想的光辉；教育一旦统一思想，则会使教育者失去思想和灵魂而沦为行尸走肉，还会使教育不幸再次成为政治或经济的奴仆和帮凶。

教师发展与学校发展同样有敌人，这个敌人在我看来，主要有三个。

第一是安逸。Q 老师的勤奋一方面来自天性，另一方面来自不安全感。她一直渴望被肯定却一直没有得到足够的肯定。就好像非洲大草原上的羚羊，总是要警惕狮群的威胁，随时准备在与猎食动物的跑步竞赛中获胜求生存，因此与安逸绝缘。然而，许多教师却追求安逸的生活，尤其是女教师。由于性别角色的原因，她们必须承担太多的家庭责任，必须在家庭与职业之间保持平衡，因而在职业发展中比较容易进入安逸的状态。

第二是经验。经验是宝贵的，可以让我们胜任一些基本工作。在几乎所有的场合，有经验总是胜过无经验，只有一种情况例外，那就是面对变革。当变革来临时，经验反而成了桎梏，越是经验丰富的教师，越难摆脱经验的束缚。我曾经去一所课堂教学变革成果突出的小学参观学习，听了两节语文课。两节课都体现了以学生为中心的改革思路，但第二节课明显比第一节课更彻底。听完课后，我对第二节课的教师大为赞赏，问校长她教了几年书，校长回答"两年"，而第一节课的教师则有十多年的教龄，曾拿过全国比赛的名次。在新的教学模式面前，她却明显地落在了一位新教师的后面。

第三是优秀。优秀是发展的大敌，这听起来似乎有些不合逻辑。但对于追求卓越的人来说，首先要打碎的就是原有的优秀光环。总有人会问：我们现在不是挺好吗？为什么要变革？为什么要这么拼命？既得利益者抗拒阻力的意愿更强。这些既得利益者皆是优秀的人，却成为卓越的大敌。

我们要办卓越的学校，在很多场合，我都在描述学校发展的愿景。一切的贪图安逸、固守经验与自命不凡皆是由缺乏伟大的愿景所致。有一次，我们探讨生活与工作的关系问题，很多人赞同说，生活与工作是一种平衡，我则倾向于认为，生活与工作是一种选择。

你选择了生活，一定或多或少放弃工作；而选择了工作，一定或多或少放弃生活。说生活与工作是一种平衡，实际上已经在选择生活。每个人都有选择的权利，每一种选择都没有对错，只有利弊。

我有一个信念，人生为一大事来。做有价值的事，在这个世界上留下点儿什么，而不是过安逸享受的一生，这是生命的意义。因此，我总是不满足于现状，总是有危机意识，总是在寻找阻碍我们前进的"敌人"在哪里。

2015 年 4 月 10 日

有意义，更要有意思

学期结束时，许多学校都会安排集中培训活动。培训的对象是教师，培训的方式嘛，多半是听报告。时间长了，老师们就会有一个错觉，以为培训就是听报告。听报告这件事，说实话挺痛苦的，听的人比说的人累多了。有时候高层领导发表重要讲话，我会被召集参加一些所谓的精神传达大会，很多事情跟我八竿子打不着，可还得听着。说煎熬谈不上，无聊是肯定的。

你说那些会议有没有意义？当然有。可是，特没意思。做教育时间久了，便知道人总是喜欢做有意思的事，而比较烦有意义但没意思的事。就好像一种东西好吃但对健康无益，另一种东西不好吃但是对健康有益，孩子会怎么选择？看起来似乎是一个两难的问题，其实不然。良药总是苦口的吗？不见得。对健康有益的食品也可以做得好吃，就看我们是不是愿意动脑筋去做。

从几年前开始，我们就开始改变学期结束时教师培训的形式。专家报告也是不可或缺的，但内容不限于教育教学，而且必须贴近实际，让老师们感兴趣。学校主打的是教育沙龙，一种没有外请专家的教师自我培训方式。每次临近期末，教师发展中心的老师们就会设计教育沙龙，先确定主题，然后确定形式，再落实到具体人员。作为一所十二年一贯制的学校，我们有小学、初中、高中和国际四个学部，因此，教育沙龙往往是以四个学部为单位，分别派出代表队，采用积分竞赛的方式来进行。过往几届的教育沙龙呈现的形式有辩论、演讲、答题竞赛、角色扮演、现场问答等，有专家评委，还有大众评委，四个代表队常常竞争激烈，场面火爆。

每一次教育沙龙的主题都是很严肃的教育命题，而形式则很娱乐化。在创意阶段，电视综艺节目常常给我们灵感。为什么要用娱乐化的方式来设计严肃的教师培训？答案很简单，要把有意义的事情变得有意思。

以此类推，教师把教学变得有意思，本身就是很有意义的工作，这里又分三个层面。第一个层面，教学过程中免不了有单向灌输，但单向灌输也可以有意思。前提条件是教师要把自己变得有意思，学生对教师感兴趣了，对其讲的东西自然会愿意听。当然，学识渊博的教师总是能通过深入浅出的讲解将枯燥的知识点变得有趣，而让学生不知不觉地被吸引。第二个层面，把教的过程变为学的过程。以学生为中心，让学生亲身参与，主动体验，再加入团队合作、游戏化教学等，学生便会很期待这样的教学。第三个层面，把学的过程变为教的过程。学以致用，学习的目的并不是考试，而是增长才干，建立信心。因此，让学生有机会展示自己的学习成果，学会分享，体验教别人的感觉，不但有意思，而且意义深远。

学生辛苦，教师同样辛苦，我们希望教师每天带着好的心情来学校上班，因此，营造轻松愉悦的校园文化也是管理层的重要任务之一。学校的工会一年前开设了一些教师俱乐部，如书法、舞蹈、器乐俱乐部等，而俱乐部的负责人或授课教师除了少量外请，大多是本校教师。俱乐部很受教师们欢迎，常常是招收学员的通知在群里发布几小时，名额就报满了。在这样的俱乐部中，那些身怀绝技的教师常常成为明星，受到老师们的称赞，而且不同部门不同学科的教师有机会在一起交流情感，学习充满了趣味。

任何一个组织内部都有若干个正式的、非正式的小组织，如果这些小组织的氛围是愉快的，大家乐于分享、相互点赞，那么，整个组织的文化必定充满正能量。

对于管理者来说，放低姿态很重要。快乐的氛围无法通过行政的威权来实现，而必须相信和而不同的力量。所谓和而不同，本质是一种去中心化，每个人在他自己的工作岗位上都是中心，都能得到足够的尊重与信任，都能得到关注与肯定，那么，他的工作一定是有意思的，也必定有意义。

就像我自己，已经习惯了在教师沙龙或在迎新年的聚会中被老师们调侃。在整个团队中，我和大家一样，都是不可或缺的一员，我在被调侃时，也感受到了老师们的热情与能量。他们的工作不需要被激励，而成了有意思的自我驱动。这不是管理的最终目标吗？

2015 年 4 月 20 日

向学生学习

万校长好，我们最近有一个新的纪录片项目，想要为您做一期节目，您看您什么时候有空接受一下我们的专访？

我想每两周在"平和教育"上发布一个 1 到 2 分钟的纪录短片，通过对教职员工的专访，发掘平和老师的故事、校园文化，记录平和的发展。我希望从 2015 年元旦开始发布这个系列纪录片，持续更新一年。

这是高一学生蒋同学发给我的微信。蒋同学是高中学生社团平和电视台（PTV）的一名骨干成员，"平和教育"则是学校的官方微信。说实话，拍纪录片本应当是学校做的事情，现在学生竟然主动要求来做。作为校长，除了愉快地答应，我还能做什么呢？

我想起 PTV 的前任总监王同学，他在短短一年多的任期内，将一个陷入困境的社团发展成为全校第一大社团，高峰时下设六大部门，吸引了 100 余名学生成员加入。由于发展过快，管理出现很多问题，王同学果断进行"瘦身"，制定严格的考评方法，确定了一支骨干队伍，使得 PTV 在经过短时间的阵痛后，持续发展。在暑期和团队成员成功策划并举办"首届全国中学生校园媒体峰会"之后，王同学功成身退，将接力棒交给下一任，自己则继续担任顾问的角色。有一次，他带着下一届的一名 PTV 部门负责人来找我寻求支持，快结束时他对那名学生说："你看校长不可怕吧，下次你可以自己来了。"

王同学后来被同学们亲切地称为王总。在他毕业的时候，又有了一个称号，叫"王副校长"。

"王副校长"的领导力令很多老师赞不绝口，自叹不如。有一次，他在多功能厅召开一个社团会议，结束后留一位学生骨干谈话，那种严肃认真的劲儿使得总务的一位打算来锁门的老师误以为是老师在和学生谈话，于是小心地问了一声"我可以进来吗"。"可以。""王副校长"回答。那名老师在认出其本人之后忍俊不禁，不过对王同学培养下属的执着精神还是佩服不已。

　　在平和，让老师佩服的学生有很多。小陆老师在她的微信上分享过这样一个故事：

　　今天下班，在790路车上，很难得有个平和高中的学生和我同一辆车。他不认识我，我不认识他。一切如往常一样，一样的堵车，一样的等待。突然，刺耳的争吵声打破了平静："小姑娘，你的交通卡余额不足，再补交两块。"原来，一个穿着时髦的女青年没有交齐车费，这本该以很平常的补交来结尾，或者若女青年实在没有零钱，打个招呼也就过去了，没想到女青年凶得很："管好你自己，我就没有零钱了，怎么样！"颇有泼妇骂街的阵势。于是，很快车厢里的安静就被两人的争吵声打破，一时间大家都没有了声音，有人观望，有人不知所措。就在这时，站我身边的平和高中的男孩儿默默走到车前投入了2元硬币，淡淡地说了一句"票我补上了，公共场合请不要吵"。顿时，车厢里安静了下来！我没有想到他会有这个举动，那时，我是众多旁观者中的一个，是茫然不知所措中的一个，而他，一个高中男孩儿，小小的一个举动让我顿时觉得特别自豪，因为他绿色的平和的校服，因为他的那句话，更因为他的勇气！

　　在期末的教师沙龙上，小陆老师又讲了这个故事，讲完响起了热烈的掌声。

　　韩愈在《师说》里曾经说："弟子不必不如师，师不必贤于弟子。

闻道有先后，术业有专攻，如是而已。"然而今天，不仅是闻道的先后与术业的专攻，在同一个专业与道德领域，面对同样的问题，我们都可能全面被学生超越，我们需要认真诚恳地向学生学习。

教师需要具备很强的学习能力，这是这个职业的特点。然而，当今学校教育的生态演变却完全走向了另一端：教师越教越机械，越教越狭隘，越教越封闭。当我们全面进入信息化社会，教师的这个弱点会全面而彻底地暴露出来。青少年学生天然地具备较强的学习与接收新事物的能力，当他们全面拥抱新时代时，封闭自己、裹足不前的教师就显得笨拙而可笑。

是时候要求教师向学生学习了。面对蓬勃发展的世界，我们和学生一样茫然无知，教师之前所有被认为是优势的那些东西很可能都成为劣势，而学生的纯真、热情、好学、向善却如冬日里的暖阳，照耀我们，让我们燃起春的希望。

2015 年 5 月 24 日

第五辑　认识自己

好胜心与平常心

与潜意识对话

如何说服老板

经营专业

认识自己

接纳自己

做自己

演自己

爱自己

好胜心与平常心

参加区里的一个年终总结会，在中央八项规定的精神指引下，总结会确也实至名归，除了少量糖果，别无他物。我去得晚，茶都没有泡。两个多小时的会议，总共安排了八位校长发言，分别介绍了本学校的办学特色。每位校长的发言时间规定是八分钟，但大多数人都超时，一些人超时严重，要不然会议也开不了那么长。

浦东新区的学校千差万别，有中心城区的重点中学，也有城乡结合部的民工子弟学校。有些学校走在快速发展的道路上，有些学校还在痛苦挣扎。我从每一位校长的发言中都发现了一些亮点——总是有一些亮点的，不然怎么会在年终总结会上发言？

听他们发言的时候，我总是不自觉地拿平和与它们作比较。若他们引以为豪的成绩平和做得更好，我的内心便很欣慰；若他们思考之后所做出的探索已走在平和的前面，我的心里便很失落。让我惊讶的是，在失落的同时，竟然还伴有一丝丝羡慕嫉妒恨。我意识到，这是好胜心在作祟。

很小的时候，我便有好胜心，这种好胜心在学校的学习中体现得很明显。我记忆力不太好，小学的事情多半不记得，但一年级发生的一件事却仍旧历历在目。那时，语文老师会在作业上打星表示鼓励，我的作业每次都能得到星，还常得到两颗星，我很是洋洋得意。一次课间无意中看到老师居然给某位同学的作业打了三颗星，那一瞬间，我无比怨恨。这么小的一件事我居然记了一辈子，可见好胜心之强，几近于狭隘。

然而，我小学和中学时代几乎总是保持班级和年级第一名的优异表现，还是应当归功于好胜心。我的父母几乎从来没有管过我的学习，然后有一天我不用参加高考就拿到了复旦大学的录取通知书。我父母现在常常用我的例子教育我们整个家族中尚在读书的孩子，使他们看到我都敬而远之。我在他们身上的确也看不到好胜心，那是一种强烈的动力，即便不是出自对学习发自内心的热爱，也能够让你拼尽全力去争取第一。

我曾经教过一个被同学们称为"三牛"的孩子，他的名字里有三个"牛"，而这孩子的确是牛。我在他身上看到了我当年的影子。"三牛"的悟性好，好胜心超强。数学考试他常常考100分，如果还有人也考100分，他便一定会把那人的卷子拿过去，从头至尾仔细地看一遍，一旦看出破绽，便欢喜地找老师扣分。老师本来还挺欣喜班级里有好几个得满分的学生，被"三牛"这么一弄，常常会有损失，因此心中颇为不喜，但如果"三牛"指出的属实，也无可奈何。我和"三牛"有过几次深谈，"三牛"在读高中后在保持好胜心的同时心胸逐渐开阔，没有像我当年那样一直狭隘下去，这是让我最欣喜的变化。

相对于"三牛"来说，大部分孩子的好胜心都不够强。许多家长都为孩子考出不好的分数却无动于衷而苦恼。问他，你怎么只考了60分？回答，还有考不及格的呢！遇到脾气火爆的家长，直接按倒揍一顿——不跟好的比，尽跟差的比！打孩子是不可取的做法，而且好胜心是揍不出来的，还是得思考如何根据每个孩子的不同特点设计激励的措施。通常来说，每个人或多或少都有一些好胜心，我们要保护孩子的好胜心，让它从小火苗燃成熊熊烈焰。

好胜心的火苗太盛肯定也不是好事，一些铤而走险的悲剧也与此有关。当年在复旦，我身边的同学大多和我一样，在各自小县城的中学里都是状元级别的人物，进了大学，突然发现连奖学金都很难拿到，那种内心的煎熬可想而知。名校毕业的学生为什么更容易成功？其根本原因在于那些人原本就好胜心很强，进名校，事业有成就，只是其自然结果之一，并不是说名校能化腐朽为神奇，把庸才培养成人才。

那时候我身边的怪才有很多，有大学一年级就把四年的高数全部学完的；有托福考试考满分的；还有以背英汉大词典为乐的，今天告诉你已经背了200页，过两周告诉你，已经背了快一半了，又过一段时间，主动来找你打牌，说快背完了，脑子有点疼，放松放松。与这样的同学在一起，你除了努力学习，还得学会练就一颗平常心。

我意识到，这些年，我一直在训练自己的平常心。工作之后，才知道读书时候的辉煌已经成为过去，而工作中需要的素质以前的学校并没有教你，一切都从头开始。有些读书时代不如你的人后来的发展可能远远超过你，而那些差异不完全是人与人的差异，而是地域的差异，专业的差异，行业的差异……

今天，支持我投入那么多精力在工作上的，依然是好胜心，这是我在听取其他校长汇报时内心起了波澜之后突然意识到的。如何将好胜心与平常心结合起来，在两者之间取得平衡，我以为是一辈子的学问。

想起以前读过的很多历史人物，如刘秀、王阳明、曾国藩、陈廷敬，皆是将好胜心与平常心修炼得登峰造极之人。中国儒家所推崇的内圣外王，也便是如此了。外王，是指能建功立业，自然需要好胜心；内圣，是指修身养德，需要的是平常心。前者是入世，后者乃出世，能兼备这两点，正是中国文化中的完美圣人形象。

这自然是极高的境界，但好歹是有了目标。长路漫漫，不断摸索。

2014 年 1 月 25 日

与潜意识对话

QQ 群里，一位青年老师说到一个现象：他们学校有一位中年教师，年年做班主任。从学科专业水平来说，很一般，但是班级带得很好，学生的毕业成绩也很高。这位中年教师要求学生每天晨会做一件事：全班站起来，在班长的带领下，高呼"我是最棒的"之类的口号。这位青年教师从心里反感这种做法，可是，中年教师的这种做法似乎又挺有效，他为此十分困惑。

在我看来，这是一种激励的方式，实施路径是改变身份认同。在市场营销中，这样的激励是常见的。前些年，由于成功学以及心灵鸡汤的负面影响，许多人对这种自我激励的方式本能地产生抗拒，也有矫枉过正之嫌。

如果我们不去做一件事，大抵有三种原因。

第一，不愿做。或是心情不好，不想做；或是觉得事情没有价值，做了没有意义；还有一种可能则是事情与自己的价值观冲突，做了会违背自己的原则。在这种情况下，要说服他做这件事，有两个办法，一是改变他的看法，二是以利诱之。如果青年教师认识到让学生每天喊口号激励自己，最终能由外而内地改变其自身的信念，他也会尝试的。

第二，不能做。有些事情超出人的能力范围，自然无法去做。例如，电视上播放的有人表演赤脚走钢刀，这事儿一般人做不了。老师上课时问了一个问题，你不知道答案，必定不会举手。唯一的例外是低年级小学生，他们热衷于举手，老师把他叫起来他却可能根本答不出来。小孩子举手只为吸引老师的注意，到了高年级，自我意识觉醒，没有十足把握便不肯举手。

第三，不配做。如果"不能做"是能力不足，那么"不配做"则是身份认同的问题。学校里要评选"三好学生"，老师会让学生自己先报名，许多学生根本不会报名，因为他们心里觉得自己根本不可能评上。身份认同是一张无形的网，罩住每一个人。身份感通常隐藏在潜意识深处，在我们意识不到的地方，发挥着巨大的作用。

如果一件事情的确是我们力不能及的，不去做也就算了。但是许多情况下，我们可以做到，但由于各种原因，认为自己做不了而放弃努力，这就很可惜。心理学中有一个很有名的实验：实验人员将一头小象系在一棵小树上，小象幼时挣不脱，等到长大了，力气足够将小树拔起时，依然放弃努力。这就是小象在心里给自己设定了边界。

在这种情况下，发挥激励的作用，突破其思维局限，应当是可取的做法。

有一些学校也通过改变身份认同来激励学生，但做法值得商榷。例如，按成绩高低排座位，教室里的每一个座位都直接跟成绩挂钩。成绩好的靠前，成绩差的靠后。每次考完全班换座位，老师进教室后对学生的成绩状况一目了然。与张榜公布学生的排名相比，这样做更直接、更刺激，对学生的心理冲击更大。

有学校更进一步，按成绩分班，每学期根据期末测评，全年级学生打乱重新分班。一个孩子这学期可能在一班，下学期就跑二班去了，如果不奋起直追，半年后落到三班也未尝可知。

更有学校将成绩与经济挂钩。将学生分为自费生与免费生，每学期期末根据考试成绩，决定下学期是自费还是免费。这同样是通过学习成绩对学生身份的一种划分。从效果来说，自然有激励作用。但负面因素也很突出，因此广受批评。应试教育的坏处之一，就是人为地制造出一批失败者，给他们贴上失败的标签。随着年级的上升，竞争的加剧，越来越多的人会带着失败的标签离开校园，进入社会，危害的确很大。

教育者应该关心学生的身份认同这一问题。从一个不谙世事的孩子，成长为一名合格的社会公民，每一个人都经历了一个身份感从无到有、从迷茫到明确的过程。青春期的学生，在不断地寻找身份的认同，一旦确立了自己的身份，人生的道路也就基本明晰了。

一位老师曾经问我，为什么名校毕业的学生更有成就？去除考进名校的学生本来就具备较强能力的因素，名校给予学生的身份认同是一个不可忽略的重要因素。如果一个人以卖肉谋生，稀松平常，但是如果这个人从北大毕业还以卖肉谋生，那就是新闻。北大学生即便是卖肉也会力争做到名列前茅，一如他当年读书时一样。

以改变身份认同为手段的激励方式有很多，让学生当众大呼口号是一种，虽然包括我在内的很多人并不完全欣赏，然而许多学校乐此不疲，毕业年级更是会有一些类似誓师大会的传统节目。如果让我选择，我更倾向于采用一种安静的方式，让学生在静心之后，学会与自己的潜意识对话。告诉自己的潜意识，目标是什么，决心有多大，选择什么路径，一旦潜意识接受了，便会将这个任务接管过来。这样做同样可以产生激动人心的改变人生的力量，但却温和平静得多。

人的行为由潜意识控制，这一点已被人熟知。每个人都有"身不由己"的经历，其实这正是意识与潜意识发生冲突之时。例如上台演讲，便会不由自主地紧张，尽管嘴上说冷静冷静，心却怦怦地跳个不停。另一个例子更具说服力，若第二天早晨有重要的事情需早起，只要在睡前平静下来后，在脑子里提醒自己几遍，通常第二天早上会在自己想过的那个时间之前醒来。这便是潜意识的力量。

与潜意识对话是一门学问。瑜伽、冥想等，其本质就是建立意识与潜意识的联结。成功学的原理也是如此。成功学的祖师拿破仑·希尔在其影响千万人的《思考致富》一书中，以赚钱为例，提出在潜意识中植入信念的六个步骤：

①在脑子里设想一下自己想得到多少金钱，要说出一个准确的数字。

②明确自己能付出多大的努力。

③明确得到金钱的日期。

④制定一个实现梦想的计划。

⑤列一份清单，把前面四个步骤写在里面，放在你早晚都看得到的地方。

⑥把这份自信秘诀铭记于心，每天背诵一次。

事实证明，与潜意识对话，将信念植入潜意识是有效的做法。在这一过程中，想象、自我确认、目标视觉化是值得一试的工具。当信念通过不断的强化，进入到身份认同的层面，人的一生就可能因此而改变。

2014 年 2 月 16 日

如何说服老板

阿俊是我以前同事奚老师的先生。自奚老师跳槽，一晃十多年过去了。奚老师的儿子考上大学，约我们去她家聚聚，我和阿俊再度相见。

阿俊在一家世界五百强外企做高管，苦心经营近 20 年，终于升入副总裁的职位。外企高层通常是老外把持，中国人能升到这个位置，是相当不容易的。

奚老师在平和双语学校时，我们关系很好，阿俊和我们也很熟。阿俊开朗健谈，见识广博，我从他那里学到很多。这么多年过去，他自然是功力大涨，这么难得的学习机会，我岂能放过。

聚会的多半时间，我都在问阿俊问题，那些问题源自我工作中的困惑，我从阿俊那里得到了很好的答案。

一、定位

我问阿俊："下属若和老板之间有矛盾，该怎么办？"

阿俊说："你得做好自身定位，你是打工者，打工者和老板之间发生矛盾，你一定得听老板的。老板当然不喜欢下属总是与他对抗，哪怕下属再有能力。

"若老板与员工之间的矛盾不能消解，最终的结果便是两个：第一，有一方屈服；第二，有一方走人。老板会屈服吗？不会。老板会走人吗？不会。所以，要么你屈服，要么你走人。"

二、老板

"有没有第三条路径呢?"我问。

阿俊说:"如果你觉得自己的确一点儿错都没有,你可以选择改变老板。这条路很难,不过也不是没有一点儿机会。"

"我以前有一个上司,从总部调过来,对中国的情况并不熟悉,却喜欢指手画脚,发号施令,而且刚愎自用,听不进意见。"阿俊说,"我是怎么做的呢?我当然不能当面顶撞他。既然他已经做出决定,我们就去执行。不过,我总是非常及时地把我工作的进展以及遇到的问题通过邮件向他汇报。这样,他自己就慢慢感觉到他原来的想法是错误的。我再把当前情况下几种可能的选择告诉他,他最终否定了自己原先的思路,采用了我的建议。"

阿俊兴奋地说:"我既达到了目的,也没有跟老板发生冲突,而且,老板觉得是他自己及时作出了英明的调整。你看,这样就巧妙地把你的想法变成了老板的想法。"

"这里面还有很重要的一点是,"阿俊补充说,"在任何时候,都要跟老板站在同一阵营,哪怕你极端不同意他的想法。你只有把自己和老板放在同一阵营,老板才可能接受你的想法。否则,如果你一开始就站在老板的对立面,即便老板最后改变想法,心里面也会非常不开心。"

三、跳槽

"如果实在不开心,跳槽如何?"我问。

阿俊说:"我在公司将近20年,当初和我同进公司而最终能留下来的,只剩我一个,其他人都跳槽了。跳槽的人当中,有发展好的,也有发展不好的。"

"但超过你的不多。"我插嘴说。

"很多人也联系不上了，但还在这个圈子里的，大多不好。"阿俊笑笑说。

阿俊说："跳槽这件事情，要避免一个误区，就是当你从行业里的一家大公司跳到小公司时，你是在兑现你在大公司那段履历的价值。即使去小公司的薪水翻番，你自身的价值其实在缩水。也许刚开始那几年，你觉得很不错，但是五年之后，我以前那些跳槽到小公司的同事就大多不知所踪了。

"古代的地方官员为什么想方设法要到京城去当官？在地方他就是爷，收入也比京官高，但是官的内涵不一样。京城里随便一个小官，到地方巡视一趟，那都是中央派下来的干部。因此，如果不是挂职锻炼，大多数京官都是不肯再回到地方去的。

"国内现在有很多大企业，总部在北京或上海，那些地方分公司的总经理如果有机会到总部去，即便个人利益上有一些损失，也是很愿意的。

"还有一些领域，如文化、艺术、设计等行业，只要你待在一线城市，哪怕混得再差，你至少紧跟潮流，这也是很多二三线城市的公司即使出高薪也很难从北上广挖到人的重要原因。

"当然，如果你快退休了，也没有雄心大志，从大企业跳到小企业充分兑现自己的价值，干个几年就休息，当然可以。"

四、创　业

"你以前有同事跳槽之后自己创业吗？"我问。

"当然有了，"阿俊说，"有少数人觉得自己掌握了很多客户和资源，完全可以自己创业，于是跳槽，自己注册了一家小公司，继续从事原来的行业，初期也的确带走了一批客户。但是有一点你一定要清楚，员工都以为老板好当，其实不然，老板的辛苦又岂是员工所能理解的！"

"你看我现在，成为高级打工人员，到了周末，空闲时间都可以自己安排。儿子出国读大学了，闲着没事儿，我就去研究钓鱼，奚老师报了一个西点烘焙班，我们自得其乐。我现在已经成了钓鱼高手，你们刚才吃的点心，就是奚老师亲手做的。"阿俊说。

　　"可是老板就不同了，公司再小，五脏俱全，除了公司内部员工的管理之外，还要研究市场，分析客户，还不可避免要和政府主管部门打交道，各种烦恼数不胜数。员工不开心了还可以跳槽，老板呢？"阿俊问。

五、系统

　　阿俊的分析冷静客观，对我也是不小的震撼。"难道打工者只有忍气吞声吗？"我问。

　　"那当然不是。"阿俊说，"只是你要明白，每个人的立场不同，观点自然不同。把你放到那个位置，你一定也会跟现在的想法不一样。如果公司的决策是系统性的问题，是制度或者决策的偏差，那么，不需要你跳出来，别的部门一定会有人发表意见，等到后果显现出来，管理层一定会更改。"

　　"难道真要等到后果显现吗？"我问。

　　阿俊苦笑着摇摇头说："那是没办法的。像我们这样的跨国企业，也经常折腾，这几年搞分权，过几年总部又把权力全部收上去，企业大了，照样官僚，外企也不例外。折腾是难免的，你还是要从大处看，看这个行业是否有前途，企业在行业中的定位如何，市场份额如何，等等。"

　　"刚才说到的矛盾是系统问题，如果是个人间的问题，例如你和上司之间互相看不对眼，你的确要有所控制。不同的老板喜欢不同风格的人，你不必争这口气。但是本职工作一定要做好，旁观者自然会看得很清楚。说不定另外部门的老总会看上你，调你过去呢。"阿俊说。

那晚与阿俊的交谈，在我心里点亮了一盏明灯。冷静从容的阿俊像是我的导师，让我意识到自身的浮躁冲动，让我学会深层次地反思自己，学会不断提醒自己，克制，隐忍，宽容。即便以为自己受到不公正的对待，也提醒自己要淡定，事情总会好起来的。

2014 年 3 月 2 日

经营专业

> 万老师：我 10 年前刚开始参加工作时读过您的书，给我的班主任工作带来很大帮助。学校现在提拔我做教导处副主任，我做了一段时间，感觉很疲惫。我现在很多时间都浪费在无聊的事情上面，例如检查教案、组织教研、为迎接上级部门检查准备材料等。学校领导又很官僚，直接或间接批评了我很多次。我很困惑，想回去重新做班主任，又想换一所学校，但总下不了决心。您能给我一些建议吗？
>
> ——一位教师

这世界上有两种人，一种人经营自己的未来，另一种人不经营。经营未来的人不会被眼前的短期利益所诱惑，而是着眼于长远的发展。你显然是属于第一种。

第一种人又分三类，第一类经营关系，第二类经营机遇，第三类经营能力。

看起来你不属于第一类人，因为你与上司的关系不太好，这方面你不仅没有天赋，更不去作为；如果你是第二类人，应当努力把手头的事情做好，当上中层是很好的机会，好好干几年，还会有继续提升的空间，怎么会觉得工作很无聊？因此，你也不属于第二类人。于是，你只能是第三类人，你的教育教学能力不错，同时坚持阅读，坚持学习，你的关注点也放在自身的能力提高上。你是经营能力的人。

这三类人，我们身边都有。每种人都可能成功，也可能失败。前一段时间有同事把我比喻成孙悟空，当时的语境并不是表扬，而是在批评。孙悟空凭借着本领高强，不注重经营关系和机遇，没有七情六欲，不讲情理，几乎没有朋友，属于情商较低的一类。这是第三类经营能力的人的通病。我也是这样。

这些年《西游记》不断被解构，以前高大的孙猴子已经跌落凡间。如果让我来解构一把，按照上面将天下人分类的标准，孙悟空属于经营能力的人自不待言。唐僧应该属于经营关系的一类，因为他人缘不错，天上的神仙都罩着他，妖精中除了想吃他的，还有很多女妖精都想嫁给他。猪八戒能力一般，也没啥关系，油嘴滑舌，好逸恶劳，但对机会的把握不错，搭上了去西天取经的船，也成了佛。至于沙和尚，在《西游记》里一共就没说过几句话，属于默默无闻、随波逐流型的。

既然我们都属于经营能力一类的，我倒有些建议想对你说。

首先，不要排斥第一和第二类人，他们有我们不具备的优势。若能力不足，而要有更好的发展，其他方面便会有代偿，他们会放低身段，来提升自己的情商。不要小看他们，他们往往比你更成功。

其次，既然认准了这条路，便要坚定地走下去。能力之中最重要的是专业能力。经营能力获得成功的人大多都是技术人才，在自己的专业上具有不可替代的优势。因此，经营能力，其实应当是经营专业。

关于专业，享有"全球管理大师""日本战略之父"之誉的大前研一在《专业主义》一书中有非常精到的论述。他认为，走专业路径的结果是成为专家，而"专家是要控制情感，并靠理性而行动。他们不仅具备较强的专业知识和技能以及伦理观念，而且无一例外地以顾客为第一位，具有永不厌倦的好奇心和进取心，严格遵守纪律"。真正的专家必须具备四种能力：先见能力、构思能力、讨论的能力及适应矛盾的能力。

在我看来，先见能力是一种对未来的预知力以及对事物本质的洞察力，看到别人看不到的东西，才显得你比别人专业；构思能力则体现在搭建理论与实践之间的桥梁，不但有好的想法，而且能够通过巧妙周密的计划，把它变成现实，这才是真的厉害；讨论的能力，是能够集思广益，激发团队潜能，汇聚大家的智慧，实现团队的化学反应；如果说前三种能力都还是一种静止状态，适应矛盾的能力则使我们真正面向不断变化的未来，随机应变，不断否定自己，和他人相处融洽，向目标坚定前行。

我和你一样，在刚参加工作时，也遇到过很多困惑，上司不欣赏，同事不理解。幸运的是，在失落的时候我坚持经营专业。其他的东西都很缥缈，而专业能力却实实在在提高了。

我一直想，人们记住我们的，常常不是我们在社会关系中所处的位置，不是我们的长相，不是我们的职务，而是我们的专业。例如王羲之，世人都知道他是大书法家，可有谁记得他曾经做过什么官！那些在各行各业中真正尖端的技术人才，即使是在动荡的社会中，也会受到重用。

你提到和领导的关系不太好，换一个角度思考，便会豁然开朗。

我曾和一位朋友讨论过打工与自己做老板的区别。朋友说，打工者羡慕老板，其实老板的苦衷普通员工又何曾体会过？就好像小孩子被父母管教时都希望自己快快长大，等到自己做了父母才发现还是当小孩子最开心。

所以，还是打工幸福。更重要的是，打工的同时也是在做老板，只要你把上司看成是你的客户。你要做的事情便是经营专业，让你的客户满意。当然，如果你的专业能力足够强，你还可以挑选客户。像我这样，时不时地，还能接到猎头公司的电话。

专注决定高度，专业成就事业，说的就是我们这类人。想清楚了，回去重新做班主任，立志成为国内班主任界的翘楚，而放弃走教育行政的道路，是一种选择；或者，把现在的工作看作自己新的专业，拿出以前做班主任工作的热情研究它，琢磨它，在一个新的领域你同样可以做得很专业。

最后，如果能够在经营专业之余，适当地关注一下关系与机遇，便更完美了。即便做不到，也要时刻意识到自己的优势与劣势，这样才能意志坚定，又态度谦逊，岂不快哉？

2014 年 5 月 3 日

认识自己

周五放学的时候，我在校园里随处转。校门口秩序井然，一些学生背着书包往外走，低年级学生的家长们则三三两两走进校园接孩子。一个二年级小朋友的家长肩上背着、手里提着好几个包，她的儿子则跟在旁边，看到我，她突然不好意思地把一个小拉杆箱还给儿子。我笑着鼓励说："对啊，自己能做的事情要自己做。"

走到操场上，一些孩子在打篮球，一群孩子正在两个足球教练的带领下训练。初春的阳光很好，微风吹在身上很舒服。我看着学校的那幢七层的大楼，突然间想起我待在这所学校的近 18 年时光。弹指一挥间，竟是物是人非！

这还是当年那所平和学校吗？当年只有两百多名学生，三十多名教职员工，而今，学生已换了一茬又一茬，最早在这里读书的学生早已离开校园，且大多已结婚生子。第一批教工依然留在这里的屈指可数，包括我在内不超过十个人。若干年之后，我们也终将离开，学校还是那所学校吗？

不仅仅是人，学校的建筑这些年也做了很大的修整。我突然生出这样的感慨：这所学校的每一个元素都和 18 年前不一样了，学校却还是这所学校。那么，学校究竟是什么呢？

我想起一个古老的思想实验——特修斯之船（The Ship of Theseus）：一艘船可以在海上航行几百年，大家将这归功于不间断的维修和替换部件。只要一块木板腐烂了，它就会被替换掉。这样下去，所有的功能部件都将不是最开始的那些了。问题是，最终产生的这艘船还是原来的那艘特修斯之船吗？还是一艘完全不同的船？如果不是原来的船，那么在什么时候它不再是原来的船了？哲学家托马斯·霍布斯（Thomas Hobbes）后来对此进行了延伸：如果用从特修斯之船上取下来的老部件重新建造一艘新的船，那么两艘船中哪艘才是真正的特修斯之船？

我所困惑的关于学校的悖论和这艘船是一样的。推而广之，人也逃脱不掉。今天的我与刚出生的我是一个人吗？昨天的我与今天的我又有什么不同？

我意识到我有一定的焦虑与抑郁是近几年的事。在别人看来，我为人低调，处世淡泊。自己也觉得自己无欲无求，对诸多事情看得很开，但是，却常常容易着急，进而生气，乃至与人发生冲突。抑郁则表现在骨子里面的悲观，有时宁愿丧失机会也不愿意作为，然后就自己生自己的气。

我的大学同学里有一位 30 岁不到就英年早逝，折磨他的也是抑郁。十几年前，我刚参加工作不久，他在读研究生，与室友的关系水火不容，于是决定搬出去住。正好我刚刚买了一套不大的毛坯房，正空着，就让他暂住。我曾问他抑郁是一种什么感觉，他说就好像被一根绳索捆住，绳索越收越紧，拼命挣扎也无济于事。他是重度抑郁症患者，医生说，由于精神上的压抑，他的内脏器官也受到损害。最终他离世并不是因为自杀，而是脏器功能的衰竭。

根据中医理论，人的七情六欲与五脏六腑相连，情绪的问题一定会对身体造成损伤；反之，身体状况也必将对情绪产生积极或消极的影响。

有一位朋友辞职了，找我聊。在原来的单位，他过得并不开心，但他并不想离职，直到偶然了解到人事部门并没有把他列入下一年度的人员计划中去，于是主动辞职。我当然是说一些客套的慰藉的话，诸如"海阔凭鱼跃，天高任鸟飞"等。末了，他叹了一口气，说："我这个人，看自己还是清楚的，野心很大，能力不足，我已经算是很努力了，可有些事情，真的做不到。"

刹那间，他的话警醒了我。我反问自己：我的焦虑，乃至狂躁，是否也是由期望与能力之间的巨大落差所致？

我想起大学同学聚会时有人曾分析过我们这些人的通病：对自己期望很高，导致对别人也有苛求。高期望是好胜心的表现，当然并非坏事，但是，如果一直达不到标准，焦虑与抑郁便不可避免地产生。有几次，在狂躁的状态下，我甚至有过恶语伤人的行为，争论的竟都还是无足轻重的小事！这些年来修身养性的功夫全部付诸东流。

我还是原来的那个我吗？为什么连我自己都感觉很陌生？所有的道理我都明白，对别人说起来也是一套一套的，可是事到临头，头脑一热，道理全都被抛在脑后，完全无法控制自己。末了，又进入痛恨自己的怪圈。

我最终没有陷入抑郁的泥潭，得归功于这些年来我自己的成长。愈是痛苦的时刻，愈是折磨人的经历，事后证明，对自己都是一种磨砺，就好像蛇蜕皮一样，痛苦之后，收获的是成长。因此，我有理由相信，我焦虑、抑郁、狂躁，是由于我原有的认知与思维模式受到了挑战，我被自己所营造的认知与思维的茧房所困，我需要努力地咬破它，钻出去。

我意识到我已经钻出了一个小缝隙，也是对特修斯之船的新的理解。为什么我们要用静止的观点思考问题？船也是有生命的！就好像有人评论今天的中国：如果你把它看作一幅画，它无疑糟糕透了；可是，如果你把它看作一部电影，讲述的是最近三十年的故事，这部电影无疑精彩极了。

一艘船在被置换了其中的每一块木板、每一个零件后，依旧在海上航行，驰骋数百年，难道不是一个极为精彩的故事？

我把束缚我的茧壳咬破了一个大洞，是因为有一天我突然意识到，我所痛恨的那个自己，其实并不是"我"，而是一个独立的有情绪的个体。按照弗洛伊德的理论，人有本我、自我、超我之分。"本我"是本能的我，"超我"是占据道德制高点的我，"自我"则介于其间，起调节作用。我们常常将这三者混为一谈，其实，我们意识到的，往往是超我，因为超我是在意识层面。而真正对我们的身体起控制作用的，是藏在潜意识中的自我。潜意识我们通常意识不到，当情绪来临时，它便露出踪迹。

如果超我能够体会到自我经常处于夹缝中的不易，那么，处理情绪最好的方式就是接纳。下一次再暴躁的时候，我会真心地对情绪背后那个自我说：真是了不起，我知道你也很不容易。

透过我咬开的那个茧壳的大洞，我看到了这样一个在超我与自我之间建立联结的过程。我相信人的生命的意义也一定蕴含在其中。我要纠正我对教育的看法，教育的目的并不完全是发展个性，完善自我，还有发现真正的自我，并与之建立联结。

2014 年 7 月 27 日

接纳自己

去参加一个心理学的课程，一位同学分享的话语触动我的内心：每一个人在一生中都会遇到很多的苦痛，有人说苦痛是财富，我觉得苦痛本身不是，穿越苦痛才是财富。

身为教育工作者，我想起了我曾经教过的学生。在我成为教师的初始阶段，面对一些问题学生，常常有无助的感觉。我知道他们的问题，也明白他们的苦痛，可是我无法帮助他们。能不把事情弄得更糟，已经是最好的结果，更不要说帮助学生穿越痛苦。

在个案分享阶段，有人讲起自己沉迷于游戏不肯学习的儿子，一脸愁容。老师却站在儿子那一边，说问题的根源在于父母。玩游戏是表面现象，反映出儿子内心的一种逃避，至于逃避的是什么，可能还需要从其童年期更深地挖掘。

"苦痛是人生的一部分，缺陷也是人生的一部分，我们能做的是接纳。"老师说。

小蜗牛问妈妈："为什么我们从生下来，就要背负这个又硬又重的壳呢？"

蜗牛妈妈："因为我们的身体没有骨骼的支撑，只能爬，但又爬不快。所以需要这个壳的保护！"

小蜗牛："毛虫姐姐没有骨头，也爬不快，为什么她就不用背这个又硬又重的壳呢？"

蜗牛妈妈："因为毛虫姐姐能变成蝴蝶，天空会保护她啊。"

小蜗牛："可是蚯蚓弟弟也没骨头，也爬不快，也不会变成蝴蝶，他怎么不用背这个又硬又重的壳呢？"

蜗牛妈妈："因为蚯蚓弟弟会钻土，大地会保护他啊。"

小蜗牛哭了起来，说："我们好可怜，天空不保护，大地也不保护。"

蜗牛妈妈安慰它："所以我们有壳啊！我们不靠天，也不靠地，我们靠自己。"

老师讲的故事是为了说明我们要接纳自己。只有接纳自己，内心才有力量，才能够穿越痛苦，才能够接纳他人，才能够享受人生。

"知道每个人最喜欢的人是谁吗？"老师说，"每个人最喜欢的人是自己，其次是能够接纳和理解自己的人。知道每个人最讨厌的人是谁吗？是那些不能接纳自己的人，是那些在性情、感受、志趣、价值观等方面和自己格格不入的人。"

"有一个心理学的实验，让实验者看一些脸的图片，其中有别人眼中的脸，也有镜子里看到的自己的脸，别人看到的是真实的脸，自己在镜子里看到的是左右对换的脸。结果实验者对别人选择的都是正常的脸，对自己选择的则是左右对换的脸。因此，每个人都是沉浸在自己的世界里，要学会接纳的不是自己眼中的自己，而是别人眼中的自己。"老师说。

在我看来，能够常常对着镜子看自己，已经不错了。更多的人，连镜子都很少看。因此，当与别人发生冲突，触碰到自己的弱点时，就显得特别痛苦。那些生活中真实的苦痛，就像在高空高速飞行的小球，如果我们强行去接，苦痛依旧存在，我们也会受伤；如果用接纳的态度，像体育比赛中高明的接球手，先顺着球运行的方向卸去球的力量，便可稳稳接住球，进而改变球的运行方向。

接纳，便是遇到不顺利的事情，生起抵触的念头时，内心有觉察，然后卸去抵触的力量，试着理解它。

"外面没有别人，只有自己。"老师说，"我们跟别人较劲时，其实都是在跟自己较劲。较劲，也是生活的一部分，试着接纳吧。该来的总是要来，我们所要做的只是从容平和地去面对它。"

2014 年 9 月 8 日

做自己

一

最近新出来一个全国怕老婆排行榜，上海荣登榜首。一时舆论哗然，排在第二的成都和排在第三的武汉颇有些不忿，重庆男人更是为没有进入前四而不平。看起来中国人的应试观念真是深入骨髓——只要有排名，就要往前冲。

我接触过的武汉和成都妹子有限，但都挺泼辣。因为在上海工作，对上海的女孩儿就相对更熟悉一些，我们学校的学生大多是上海人，上海本地的老师也不少。女学生倒没有看出来有多厉害，女教师强势的不少，这应该和职业有关，不能以偏概全。上海男人怕老婆排行第一可能还是男人的原因。

二

与怕老婆排行榜同期热炒的还有关于"中国男人配不上中国女人"的论点，引发了激烈的讨论。2003年，知名杂文家鄢烈山就曾经表达过这样的困惑："中国的女人，不论是衣着普通的打工妹，还是服饰时髦的白领丽人，个个都是有型有款，至少是穿着得体、容颜顺眼、双眸有光。男的呢？打工仔是面皮灰黄，头发干枯，眼神迷茫；白领男人则歪身佝背、蟹行狐步，睡眼惺忪，萎靡不振。中国男人中膀阔腰圆、雄姿英发的极其罕见。"

替男性辩护的声音主要是：养家的男人很辛苦；中国男人不注重外表，而重视内在品质；有什么样的女人就有什么样的男人等。

中国的女人比中国的男人更优秀？我看未必。中国的男人更怕老婆？也不见得。中国几千年来一直受重男轻女思想的影响，男性长期占据统治地位，现在更多地强调男女平等，突出女性的地位，女性更加独立，偶尔冒出来女性比男性强的论调也属正常。从全社会范围看，男性的统治地位还是不可撼动的。看看各单位的领导人物，终究还是以男性为主。

三

然而，怕老婆终究还是有问题。

我的一位朋友做心理辅导，遇到过各种各样的案例。有一次她跟我说，现在很多家庭角色错位，母亲强过父亲，这对子女会有不好的影响。我问会有什么影响，她说，父亲通常是子女力量的来源，如果父亲太过弱势，儿女长大之后在接受异性方面会遇到障碍。若是女孩儿，可能会延续家族母系的力量，不会真正地接纳男生；若是男孩儿，则性格软弱，讨好女生，无法让对方有所依靠。

她举例说，有一次在做治疗时，她对着一名男生大吼一声："你能不能爷们儿一点儿！你总是考虑对方是不是不开心，需要什么，如何满足她，你能不能做一回你自己？首先把你自己做好！"

四

"做好自己"，简简单单的四个字，包含了深刻的含义。

我刚刚参加工作时，和许多新教师一样，曾经被师生关系困扰。年轻教师与学生的心理年龄更为接近，受到学生欢迎是很自然的事。有一段时间，学生很亲近我，我也很享受和他们在一起的时光。后来，学校任命我当班主任，我发现，由于和学生过度亲密，我在学生中已经很难建立威望。我想尽了各种方法，对班级里几名调皮的学生依然束手无策，个别学生甚至对我产生了对立情绪。

后来我痛定思痛，经过深刻反思，明白了一个道理：与其想尽各种方法琢磨学生，考虑和学生的心理距离，不如首先做好自己，让自己变得成熟，变得有魅力。当我成为一名自尊自爱、能把控自己情绪、学识渊博、幽默风趣的教师时，我发现，我自然也就赢得了学生的尊重、喜欢与爱戴。

五

我把教师分为四类。

第一类，他不爱学生，学生也不爱他，这一类人得趁早转行。我原本以为这样的人很少，但和一位乡镇中学教师聊天，发现他们学校里有相当数量的教师竟属此类！其中有一些还是新教师！他们凭各种关系进入学校教书，却游手好闲，不思进取，等着混两年调到城里的学校去。学生对他们的评价是，上他们的课还不如自己学！这类教师多了，中国教育就真的没希望了。

第二类，他不爱学生，学生很爱他。不得不说，这类人是有天赋的。我见过几位这样的教师，对学生不苟言笑，凶的时候很凶，在学生中却很有威严，学生以得到其表扬为荣。私下里他却说，我真的一点儿都不喜欢小孩子。

第三类，他爱学生，学生不爱他，这就是悲剧了。许多失败的教师皆属此类。原因有很多，大多数人先天条件不足，又缺乏反思精神，闭着眼睛蛮干，末了还没人同情。

第四类，他爱学生，学生也爱他。这是师生和谐的最高境界。这样的教师，付出有回报，工作辛苦也值得。

从以上的分类我们可以看出，对结果起关键作用的还不是教师是否爱学生，而是学生是否爱教师。

有教师觉得自己很爱学生，学生却不爱他。这是爱的能力不足的问题。因此，身为教师，想办法让学生爱你，是工作取得效果的前提。

六

我的一位金融界的朋友，孩子上幼儿园，太太是全职妈妈。夫妻俩常常为孩子的教育问题而争执。他找到我，让我帮他说服他的太太。

有一天，我们在一起喝茶，我就对他们夫妻俩说："家庭教育最好的状态是父母亲的教育目标与价值观一致，但是又有层次，例如，严父慈母就是几千年来久经考验的组合。有的时候父母亲都偏严，或者父母亲都偏松，也还过得去，最糟糕的就是父母教育观念不一致，甚至当着孩子的面争执。如果出现这样的情况，两人应该立即停止争吵，到小房间里商谈，以达成一致。通常这种情况下妈妈应该作出牺牲，以帮助爸爸在孩子面前建立权威。"

我的这位朋友听了很高兴，觉得我很够朋友，结果得意忘形地说了一句："我们家最大的问题就是夫纲不振！"

我和他的太太听了都吃了一惊。她的太太旋即痛斥他作为父亲的不称职，历数他作为父亲无原则宠爱孩子的种种表现。摸着良心说，在她和孩子父亲发生的有关家庭教育的争执中，90%的情况她都是有道理的。让妈妈帮助爸爸树立威严，爸爸首先也得自己行得端、走得正，让人心服口服啊！

七

我的另一位大学同学，嫁了一个好老公。她工作颇为辛苦，她老公一直劝她不要再工作了，她却不同意。她的理由是，如果做了全职太太，等于把自己的命运全部维系在老公身上了，那样很容易丧失地位。女人要想赢得尊严，一定要有自己的事业。

北京的一位音乐人与小他19岁的做全职太太的妻子离婚，那小姑娘居然从痛苦中站了起来，成为颇有造诣的设计师。这让我的大学同学更为感慨，如果早有这番事业，那位著名的音乐人可能就不会离开她。

八

当下比较流行的身心灵理论说，这世界上的事分为三种：自己的事，别人的事，老天的事。

老天的事无法改变，只能接受。别人的事可以关注，但结果如何，决定权并不在自己手里。因此，只有自己的事情是可以改变的，关心老天，关心他人，不如关心自己。

关心自己是一种由外而内，然后由内而外的循环往复的觉察。人这一世归根结底还是要解决自己的问题，无论是佛家的"轮回"，道家的"无为"，还是儒家的"为而无所求"，都是一种内心的觉悟。把自己的事情做好了，世界也就开阔了。

九

一个人有影响力不在于他去主动影响别人，而在于别人被他吸引。只要他把自己的事情做好，就能真正展现出他的价值。

这是一种"以我为主"的精神，这是一种"舍我其谁"的气势。

作为教育工作者，我们也强调以学生为本，但在具体实践中往往会走偏为对学生的迎合。考虑学生的需求当然没有错，可是，如果自己的内心没有信念，没有价值判断，这种迎合短期来看可能有效，长期来看风险巨大。

专业的教育者应该学会引领。各行各业的弄潮儿，无一不是引领行业前进的人，无一不是改变了市场结构和消费行为的人。这才是真正的做自己。

2014 年 9 月 21 日

演自己

做自己，还是演自己？这个问题的答案似乎毫无悬念。我们听到了太多"做最好的自己""做真实的自己"，却没有人告诉你要"演"最好的自己。

真实的自己常常很丑陋。夜深人静，与自己独处，我们喜欢自己吗？一部分人可能对自己还比较满意，大多数人注定留有遗憾，不少人一定还痛恨自己。相比那些成功光鲜的"高富帅"，我们的成就是那么不值一提。而那些长期困扰我们心灵的烦恼，如同幽灵一般，直接照射出我们人性中或软弱、或贪婪、或懒惰、或愚蠢的一面，叫我们如何不痛恨自己！

要做最好的自己，就必须直面弱点，并设法改进。而这正是做自己最难的地方！大部分人终其一生都在跟自己的弱点作斗争，胜负很难预料。既然克服与改变那么难，何不换一种思路——"演"？

在众多职业中，我其实挺羡慕演员，能够有机会体验不同的人生，且仍然可以做回他自己。每个人的人生只有一次，能够不改变自我而体会各种角色是多么幸福的事！人生就是一次旅行，精彩的是沿途的风景以及看风景的心情。

周国平在一次访谈中讲过这样一个故事：

我曾和一个五岁的男孩儿谈话，我告诉他，我会变魔术，能把人变成苍蝇。他听了十分惊奇，问我能不能把他变成苍蝇，我说能。他陷入了沉思，然后问我，变成苍蝇后还能不能变回来。我说不能，他就决定不让我变了。我也一样，想变成任何一种人，体验任何一种生活，包括国王、财阀、圣徒、僧侣、强盗、妓女等，甚至也愿意变成一只苍蝇，但前提是能够变回我自己。

好的演员可以惟妙惟肖地表现出角色的内心世界，演员是需要入戏的，在表演时，他就成了他演的角色，以至于戏演完了，他还沉浸在角色的世界里，久久无法脱离。有一些演员入戏太深，自此改变性格，也偶有听闻。

然而，好的演员却表示，演角色到底还是演自己。如果内心没有积淀，许多角色根本无法塑造。一个演员没有办法展示给观众其内心没有的东西。我们讲一个演员在用心演戏，其实就是说他在演自己。

大部分人这一生都没有机会通过做演员谋生，但每一个人都可以通过做演员改善提升自己。因为，把真实的自己变得美好很难，把期待中的自己表演出来却容易得多。

有朋友去应聘新的岗位，在接到面试通知后问我应该注意什么。我说，把自己想象成演员，把面试官想象成导演，想象一下他的要求是什么，用人单位的录用标准是什么，在面试过程中把这些表现出来。

有年轻老师在我的培训课上问我，班级里有学生很令人讨厌，他试着寻找其优点，但一个也找不出来，问我怎么办。我说，即便再讨厌这孩子，也不能表现出来。相反，还得装作很喜欢他的样子，并且让他感觉到。

"对这个孩子来说，师生关系就是教育的全部，你必须演。"我告诫他。

人生一世，其实每个人都在扮演不同的角色，每一个人都在演戏。只不过，大多数人的演戏都是被动的适应，而不是主动的改变。主动的改变是让自己去演一个从没有体验过的角色，一个美好的角色，一个自己期望成为的角色。去体验那种感觉，寻找内心的力量。

演得久了，便可能弄假成真。在教育学里，这样的例子比比皆是。美国著名心理学家罗森塔尔曾做过一个著名的实验，被称为"罗森塔尔效应"。他在某所学校的一个年级，从每班随机抽取 3 名学生，共 18 人，将名字写在一张表格上，然后认真地对学校说，这 18 名学生经过科学测定，全都是高智商人才。半年之后，这 18 名学生进步很大，超过一般学生。若干年后再跟踪调查，这 18 人在不同的岗位上都取得了非凡的成绩。

演的本质是一种改变，一个人的改变可能带来整个系统的改变，因为我们是系统的一分子。两个人长期关系紧张，互相不给对方好脸色看，如果让其中一人做一次"演员"，在双方的关系中呈现出完全不同的一种态度，持续时间不用很长，只需一周，另一人一定也会改变态度。最终双方冰释前嫌，言归于好。

最好的自己是演出来的。演的阻力更小，成本更低，感悟更多，效果更好。为什么不尝试一下呢？

2014 年 9 月 28 日

爱自己

多年来，大家对教师职业有一个误区，叫作——牺牲自己，成就他人。

"春蚕到死丝方尽，蜡炬成灰泪始干。"随便问十个人这首诗形容哪个职业，九个人会直接回答你——教师。

我一直很纳闷，教师又不是一锤子的买卖，只教一批学生，成败在此一举，干吗这么强调牺牲精神？

是为了说明这个职业的伟大？

是为了说明这个职业的悲壮？

还是为了鼓励更多的人来从事这个职业？

说不通。

我并不是反对牺牲。历史上有很多人的牺牲就很伟大。数学课上，我曾经跟学生讲过一个故事：古希腊有一个著名的数学家毕达哥拉斯，就是发现勾股定理的那位。他有很多热爱数学的徒弟，形成了一个毕达哥拉斯学派，这个学派信奉世界上所有的数都是由整数以及整数之比构成的。有一天，有一个徒弟希帕索斯提出质疑，说有一些数字不能用整数之比表示。这引起了学派里其他忠实信徒的恐慌——质疑老师，那还得了？信徒们警告他不许乱说。希帕索斯毫不妥协，结果被扔到水里，淹死了。希帕索斯虽然牺牲了，但他的死引发了历史上第一次数学危机，人们逐渐发现除了单位正方形的对角线长度之外，圆的周长与直径之比也无法用整数来表示。于是更多的人开始思考这一问题，最终导致了无理数的发现。

这种牺牲会被载入历史，被后人铭记。

还有一种牺牲叫作责任。电影《泰坦尼克号》中，巨轮即将沉没时，船长一边指挥船员放救生艇，让妇女和儿童先逃难，一边组织小乐队在甲板上演奏。演奏完毕后，大家都没有离开，而是相互握手，互道珍重，小提琴首席说："今天晚上，能和大家一起合作，是我毕生的荣幸。"船长则走进了船长室，选择与船共存亡。这样的一种牺牲，反映出人性的光芒。

教师的牺牲就不同了，在我看来，许多牺牲根本就没有意义。

我的一位朋友跟我说过这样一个故事：高三毕业班的一位班主任，和他的很多同行一样，每天工作14到16个小时，一个月只休息一天，全身心地投入班级工作中。在教学和班级管理上，他要求十分严格，在生活上，对学生也颇为照顾。有一个周末，他甚至让家人包了饺子，煮好带到学校里给学生尝。如此爱生如子的好老师应该让学生感激得落泪吧！事实正好相反。学生饺子照吃，可是这丝毫改变不了学生对班主任的痛恨之情。让人揪心的是，该班主任积劳成疾，在学生即将高考时不幸去世。记者认为这是一个典型，去学校采访，却发现学生对他的离世几乎没有什么同情与悲悯。

这样的牺牲，完全是一个悲剧。

与教师一样，家长也常常走入这样的误区。

有一个笑话是这样的：

儿子拿着不及格的试卷回家，妈妈很生气，骂儿子是一只笨鸟。

儿子说："世界上有三种笨鸟，第一种先飞，第二种不飞。"

"那第三种呢？"妈妈问。

儿子说："第三种最讨厌，这种鸟自己飞不起来，就下个蛋，孵出一只小鸟，然后逼着那只小鸟使劲飞。"

这正是今天众多家庭教育活生生的写照。如果两只老鸟从来没飞起来过，却指望那只小鸟飞起来，这公平吗？合理吗？

在传统的中国家庭里，妈妈通常是作出牺牲的那一位。许多妈妈，为了家庭也愿意作出牺牲。当然，如果这种牺牲能够换来子女的尊重、理解以及感恩，还算值得，然而，一定还有更好的选择。

一位母亲就有这样的心路历程。自打女儿出生后，她就全身心地呵护她。丈夫工作忙，家里上有老下有小，她的付出就更多。女儿慢慢长大，却不如她想象中那样成熟懂事。有一天，她又和女儿爆发了严重的冲突，女儿说了一句直刺她内心的话："你总是说我应该怎么样，你看看你自己，你还像个女人吗？你自己活成这样，你有什么资格来教训我！"

她愣住了，一个人坐在沙发上，想了很久。这十几年来，为了这个家，她忙里忙外，任劳任怨。为了女儿她舍得投入，自己却很少买化妆品和新衣服，以至于别人都说她比实际年龄要老十岁，可换来的竟是这个结果！

太委屈自己了！一气之下，她到商场里面，花了一个月的工资买了衣服和化妆品。接下来的日子，她不再只关注女儿，而是兼顾自己的工作和生活，打扮得时尚而知性。神奇的事情发生了——当她自己变得美丽，生活变得精彩时，女儿竟然慢慢改变了对她的态度，也自觉地朝着她所期望的方向发展。

教育的秘密就蕴藏在教育者自己的内心深处。如果我们自己不热爱生活，不爱自己，甚至对世界充满委屈和怨恨，以为牺牲自己就能换来孩子们成长的回报，我们多半要成为悲剧人物。

教育者需要建立个人魅力，如果我们自己都不喜欢自己，甚至讨厌自己，别人能喜欢我们吗？我们又怎么能够对孩子产生积极的人生影响？

教育的秘诀就是爱自己。爱学习，爱梦想，爱生活，爱身边的每一个人，爱自己的缺点，爱自己的身体。让自己成为孩子的榜样，让他们和我们一样，珍爱生命，珍爱自己。

2014 年 10 月 7 日

第六辑　教师的影响力

天道和合

一

中午，从小区附近的超市出来，正要过马路，无意中瞧见街角处的人行道边坐着两个人，男性，四十多岁，一身自行车运动员的打扮，两辆歪斜在地上的专业自行车印证了他们的身份。两人的前面放了一张白纸，上面写着：自行车运动爱好者，请帮忙给十几元钱买饭吃。

已经是绿灯，我一念之间，还是转过身，从钱包里掏出 20 元，放在他们面前。两人脸上生出些表情，一个人迅速拿起钱。我急着过马路，也不停留，转身就走。

以这种方式乞讨，我还是第一次见到。无论如何，扔给他们几元钱或者几十元钱时的心理纠结，比面对一名老人摔倒犹豫是不是应该去扶要轻松得多。很多年前，我在街边等着过马路，一位抱着孩子，操着北方口音的大妈跟我要 5 元钱，说是到上海来找人，找不着，孩子饿了要吃东西。那次我虽然给了钱，但是心里认定大妈说的一定是谎言，久久不能释怀，后来好长一段时间都不理那些街头乞讨的人。

直到有一天，在人民广场，一个十岁左右的小男孩儿跟我要钱，我内心气恼，不但不给，还问他老家在哪里，为什么不读书。他嫌我烦，眼露凶光，最后朝我竖了中指。

我突然意识到这些孩子是多么可怜。他们受人控制，内心扭曲，他们不会一辈子乞讨，然而在乞讨的时候，我们多少给一点儿，他们在痛苦之中也算有些慰藉。

后来常常在高铁车站的候车室见到类似的男孩儿。你坐在那里等车，他们会走到你面前，并不说话，而是递给你一张纸。你抬起头来，他们用手跟你比画，让你明白他们是聋哑人，希望你捐助。你若是犹豫，他们很快会递给你残疾证看。你若给了钱，他们会让你在一张纸上写上名字与金额，像是寺庙的功德簿一样。末了，还会伸出大拇指，向你表示感谢。或许是因为常年出没，他们的"生意"并不好。离开我之后，他们走向其他人，没有一例成功。而他们始终保持平静，似乎已习惯了这样的冷漠。

二

近来有一则寓言颇为流行：雄狮看见一条疯狗，赶紧躲开。小狮子说："爸爸，你敢和老虎猎豹争雄，为何躲避一条疯狗？"雄狮问："孩子，打败一条疯狗光荣吗？"小狮子摇头。"让疯狗咬一口倒霉不？"小狮子点头。"既然如此，干吗要去招惹一条疯狗？"

这则寓言本来是要鼓励大家心胸豁达，不要与小人、狭隘的人或伤害你的人纠缠。一位时评家却反问："要是狮子、老虎、猎豹都躲着疯狗，这世界岂不全是疯狗的天下啦？"

这个反问很有力量，赢得满堂喝彩。我却有其他的想法。

南非前总统纳尔逊·曼德拉受到全世界人民的敬仰，他一生中遭遇的"疯狗"比普通人多得多，他待在监狱里的时间超过10000天。获释之后，他是怎么对待那些迫害他的白人的？他选择了宽容与和解。他说："当我走出监狱时，我告诉自己，如果不能把痛苦与仇恨留在身后，我就永远不会获得真正的自由！"

2013年11月《新民周刊》的一篇专栏文章《自杀者的一瞬间》谈

到日本的自杀现象。文章中说，日本是一个自杀现象高发的国家，自杀人数是美国的 2 倍，英国的 3 倍。在经济合作与发展组织国家中，日本的自杀率仅次于匈牙利。2012 年，全日本自杀者共有 2.7 万人。据估计，自杀未遂的人数是这个数字的 10 倍。关于自杀原因，据警方公布，一般有健康问题、经济问题、家庭问题等。

自杀的原因大多是抑郁。据日本官方的调查，全日本有抑郁症患者100 万人，而真实的数字，据说还要乘以 5。社会学家宫台真司在《日本的难点》一书中提到，在自杀高发地区，均可以发现"地域社会的包容性""家族关系的包容性"异常下降现象。

发生抑郁的根本原因在于包容的缺失。长期生活在模式单一且排他的情境下，抑郁便无可避免。普通人无法像曼德拉那样打败心魔，获得真正的自由。

《自杀者的一瞬间》还谈到了日本人对抑郁的探究。

日本放送协会（NHK）电视台曾播放了一个名为"疾病的起源：抑郁症"的节目。该节目探讨了抑郁症的生理、社会起源，认为导致抑郁症的物质存在于生物大脑内。以鱼类为例，每天受敌攻击，紧张荷尔蒙便大量分泌。比如，在水槽中投入鱼的天敌，如果鱼能逃脱，体内的紧张荷尔蒙便减少；当鱼长期无法逃脱时，体内的紧张荷尔蒙大量增加。这些无法逃跑的水槽中的鱼，一个月后即患上抑郁症。

自然界"物竞天择、适者生存"的法则是如此残酷，人类世界更应当多一些包容。

三

我的一位朋友告诉我，21 世纪人类面临巨大危机，而解决之道是"和合"这两个字，这正是中国传统文化的核心思想。

孔子说："君子和而不同，小人同而不和。"首先接纳差异，再指出出路在于"和合"。

老子说:"万物负阴而抱阳,冲气以为和。"也就是说,"道"蕴含着阴阳两个相反方面,万物都包含着阴阳,阴阳相互作用而构成"和"。"和"是宇宙万物的本质以及天地万物生存的基础。

《管子》将和合并举,指出:"畜之以道,则民和;养之以德,则民合。和合故能习。"这句话是说,畜养道德,人民就和合,和合便能和谐,和谐所以团聚。和谐团聚,就不会受到伤害。

《周易·乾·象辞传》曰:"乾道变化,各正性命,保合太和,乃利贞。"意思是,保持完满的和谐,万物就能顺利发展。

著名国学大师钱穆先生极为推崇中华文化的和合思想,他说:"中国人常抱着一个天人合一的大理想,觉得外面一切异样的新鲜的所见所闻,都可融会协调,和凝为一。这是中国文化精神最主要的一个特性。"

以此观之,说 21 世纪是中国人的世纪,诚非虚言。

学校教育更应当有包容心。不仅因为教育要传承传统文化,更在于教育要去除功利心,给孩子营造一个宽松和谐、利于其自由生长的环境。

教育的目的是儿童的自由生长。我们坚守儿童立场,就是坚持给儿童以自由生长的权利。今天的教育,恰恰违反了这一原则,孩子没有什么自由生长的空间,教师没有什么自由生长的空间,学校也没有什么自由生长的空间。路越走越窄,焦躁与抑郁便不可避免。

对于异口同声,要保持警醒;对于与众不同,要保持敬畏;对那些批评甚至反对你的人,则应当感恩。永远不要试图把自己的观点强加于人,你以为是消除了一个不同意见,其实是减少了一种发展的可能。多样性的和谐共存,才是天道。

第二天,我又走过小区门口,街角处空空荡荡。我看不到那两位骑行爱好者,就好像他们从来没有出现过一样。

2013 年 12 月 8 日

找准你的支点

我在办公室里看文件，猛一抬头，看见一位年轻人站在门口。"万校长，您能抽出十分钟吗？我想跟您聊聊。"

我犹豫着请他坐下，年轻人身形瘦削，态度谦卑却并不慌张。"我是实习体育老师，已经实习一周了。我很喜欢这所学校，想知道是不是有机会留下来。"

一名实习老师，直冲校长室表达意愿，够大胆。

我接过他递上来的简历，简单浏览了一遍，随即发问："你的长处是什么？"

"我的专业很好，"他说，"我的主项是篮球，其他如田径、排球、游泳、武术，也都可以教。"从他的描述中，我看得出他确实比较全面，不过并没有哪一点让我印象深刻。

"还有什么优点？"我接着问。

"我很有责任心。"他说。

"举个例子。"

他想了想，说："我是班长，又是学生会的干部，在学校里入党、拿奖学金机会很多，我大一就能入党，但我还是把名额让给了别人。"

哦？我有些惊讶，在这个年代这样的年轻人还真是难得。

"从事体育的人容易受伤，有一次我们班有一名同学训练时发生意外，在医院里做手术，我陪了他两天两夜。"他说。

我有些感动，总结说："你有三点让我很欣赏——专业不错，责任心强，也有领导力。你的简历我留下了，如有招聘，我会考虑给你机会的。"

一家做青少年野外拓展的机构联系我，约定时间来学校面谈。让我感兴趣的是，这家公司创立十年，专注于学生综合素质尤其是领导力的培养。十年前，市场上还是学科辅导以及外语培训的天下，这家公司的追求让我敬佩。

我们的谈话很愉快，在育人这件事上，我们的理念是吻合的。一些课程学校无法实现，而类似的机构可以做很好的补充。我答应加入他们的一个学校公益宣讲活动，让我们的老师和学生接触一下他们的课程。

我对与他们接下来的合作充满期待。我很清楚学校里有相当一部分学生与家长有这样的需求，只要他们的产品足够好，就一定会有追随者。

宣讲课结束后，我向全程参与的老师和学生做调查，结果让人失望。他们不但对这个课程没有表现出兴趣，而且直指其商业气息太过浓厚。

这家公司本来就是商业机构，也许，野外拓展课程并不适合做室内宣讲。无论如何，我只能暂停与他们的沟通，礼貌地说，宣讲不成功，合作时机不成熟。

我想起多年前我参加的一个教育论坛，我受邀发言。那次发言我准备得很不充分，加之出发之前又出了一些小意外，导致迟到，造成发言效果不理想。会议结束的时候，有一位老师直言不讳地对我说："我听说你的名字很久了，今天是带着期盼来的，但是你的发言让我失望。你知道吗？今天参加会议的还有教育部的领导，你失去了一次机会。"

跟我说话的这位老师也是圈内的知名人士，我知道他的名字也很久了，与他首次相见，听到的就是这番话，然后就再也没有见过面。后来我想，我大约失去了一次可能带来人生重大转折的机会。谁知道呢？这是一个无法求证的命题。

但那位实习体育教师的命运无疑是有改变的。在我向相关部门的负责教师打听有关他的情况之后，我对他的好感去掉大半。其实也不是什么大事——他在学生做操整队时的口令不够清晰，给人感觉气势不足。

我也只能替他感到遗憾，他没有踩住人生的支点。

人生就如同攀岩，光有努力是不够的，还需要找准支点并牢牢踩住。努力的人啊，你需要找到一个支点。

对于冲浪选手而言，一个浪头，便是他的支点；对于赛车手而言，油门、刹车和方向盘的组合，就是他的支点；我喜欢跑步，后来慢慢悟出来，呼吸才是跑步的支点；马云在一次演讲中说，领导者要具备三个素质：眼光、胸怀、实力，对他而言，这三点就是领导者的支点。有了支点，加以努力，便可能登上新高。

哲学家问船夫："你懂哲学吗？""不懂。"船夫回答。"那你至少失去了一半的生命。"哲学家说。"你懂数学吗？"哲学家又问。"不懂。"船夫回答。"那你失去了百分之八十的生命。"哲学家说。突然，一个巨浪把船打翻了，哲学家和船夫都掉到了水里。看着哲学家在水中胡乱挣扎，船夫问哲学家："你会游泳吗？""不会。"哲学家回答。"那你将失去整个生命。"船夫说。

每一个人都有其核心竞争力，也完全可以在人生的旅途中发力，只是，要找准各自的支点。

我曾经请过一位语文老师来给毕业生作励志讲座。他的故事很传奇：没有考上大学，却梦想成为一位语文教师。他找到的支点是练字，他的字写得不错，他曾整本书整本书地抄写。后来，一所学校聘他教语文。坦率地说，他说的普通话带有浓重的口音，并不适合教语文。在书法教师眼中，他写的字只能算是习作，还不能算是作品。但是，他的奋斗经历却让很多人触动。在我看来，比他努力的人不在少数，而他，却幸运地找到了合适的支点。

阿基米德曾说，假如给我一个支点，我就能撬动整个地球。创造生命的奇迹需要努力，更需要支点。

2014 年 5 月 11 日

好家长需要做的两件事

傍晚与一位张姓家长约谈。这次谈话有些奇怪，因为这位张女士的孩子并不在平和学校读书。她的一位朋友曾经在平和学校做过老师，一次偶然的机会，她了解到我们最近准备成立新的家长委员会，于是通过这位老师表达了要和我聊一聊的愿望，原因很简单——她是儿子所在学校家长委员会的八位常委之一。

我愿意跟她聊的理由也很简单，我想听听她对学校发展的意见。我们持开放的态度，无论是批评还是建议，无论是解构还是建构，有人愿意说，我们就愿意听。

我们是从张女士加入家长委员会聊起的。她加入家委会并经选举成为常委，源于她自己对教育的一种情怀。"我已经错过了儿子成长的关键期，那时候工作很忙，加之对教育的认知不深刻，因此留下很多遗憾。现在儿子逐渐长大，马上要进入青春期了，我一定要弥补之前的过失，要陪伴他成长。"她说。

因此，她调整了自己的生活重心，把关注点从工作逐渐向儿子的身上转移。儿子喜欢的运动是冰球，并加入了一家冰球俱乐部，每周有两次训练时间，有时周末还有比赛，她每次都要接送他。

她说："我跟儿子是朋友，我们几乎无话不说。每天晚上儿子睡觉之前，我都会跟他聊天。我们会聊很深入的话题，他常常会跟我谈他对社会上一些不公正现象的思考和质疑，我则告诉他我的看法，同时引导他更理性、更全面地看待这些问题。"

陪伴儿子成长之余，她还在着手成立一家民办非企业性质的志愿者机构，本质上是一家基金会，除了自己捐赠之外，也会在朋友圈中做一些募捐，用来帮助弱势人群及其子女的教育。

我赞赏道："我代表教育界向您致敬。"她谦虚地笑笑，说："我一直在引导孩子思考人生的意义，当我们积累了一定的财富时，要做一些比经商更有意义的事。"

我被她这段话感动。我必须承认的是，在教育界，大部分所谓的教育工作者境界不高，教了若干年的书之后，除了教书，什么都不会，且越教越狭隘。像坐在我对面的张女士这样的家长，因为子女而关注教育，却越走越开阔，并直达教育的本质。

我说："你是家长的楷模，他们学校应该邀请你给家长们作报告。"

她笑笑说："他们也是这么对我说的。"

我说："我建议你在做报告时讲两点，做到这两点就是一个好家长。

"第一点，是自己要活得精彩，要成为孩子的表率。要求孩子具备的那些品质，自己要先展示出来。第二点，则是跟孩子建立联结。

"这两点同样重要，缺一不可。那些失败的家长常常只做到其中一点。有一些家长很重视联结，一心扑在孩子身上，可是自己却做得很糟糕，自己没有事业，对生活没有追求，对人生的意义没有思考，无法得到孩子的尊重与认同。孩子因此逆反——你自己做不到却要求我去做，我为什么要去做？

"还有一些家长自身的事业很出色，对人生的意义与生活的本质的认识也很有高度，可是跟孩子之间的联结不够，或根本没有联结。孩子的心门对他们是关闭的，因此，他们对孩子的影响力也十分有限。至于最终走进孩子内心的那些来自教师、社会、同伴的教育因素究竟能产生正面还是负面的作用，只能听天由命了。而你，恰恰在这两个方面都做得非常出色。"

"过奖了，"张女士眼中闪烁着光芒，"您这样的教育者才值得我们尊敬。"

"不是这样的，教育是我们的职业，做好它是应该的。"我说。

"但是把教育作为一个普通职业的人很多，真正像你们学校的一大批优秀教师那样，把教育当作自己的理想与追求，这样投入奉献的不多啊！"她说。

这是一次有趣的谈话，我们双方都从这样的谈话中得到滋养。

我们重新回到家委会的主题。我向她请教了很多细节，甚至讨要了家委会的章程。我和她约定，下一次学校开专题会议，会邀请她来参加。她一口应允。

学校是一个很大的平台，把家长的力量发动起来，对学校、教师、学生和家长都有利。把张女士送走之后，她的话语依然在我耳边回响。

2014 年 12 月 13 日

教师的影响力

朋友的朋友小鲁在一家很大的培训机构任职，负责数百名教师的教学培训。有一天，偶然聚在一起，聊到对教师的评价。

"我们的机构对教师的评价主要是看学生的进步率，学生在我们这里补习之后，参加学校的考试要有进步，而且是持续的进步。"小鲁说，"行业里另一家机构对教师的评价则主要看家长的满意度，我们觉得不太合理。光家长满意学生成绩不进步怎么行？毕竟我们都是做小班教学的。"

小鲁跟我解释，所谓的小班教学，班级人数极少——不超过三个。

我说："我觉得只看进步率也不合理啊，许多学校平时的测试并不十分严谨，难度时高时低，有时候分数降低了，实际名次反而进步了。再说，孩子的进步并不是线性匀速的，他可能很长时间没有进步，然后突然会有一个很大的飞跃。就好像十年磨一剑，如果每年都要考核，哪里磨得出好剑！"

小鲁点点头，说："我们确实很苦恼，这也是我想向您请教的地方。"

"教师评价是一个全世界的难题，但是我觉得，无论是全日制学校还是培训学校，都应该关注教师的专业能力以及指导能力，我将之归结为一点——影响力。教育的主体是学生，学生的成长与发展是我们的目标，若一个教师认为自己水平很高，可是对学生产生不了影响，能说是好老师吗？"我说。

小鲁点点头。

我说："全日制学校一个班级再少也有二三十名学生，老师无法关注到每个孩子，有些孩子可能更多受同伴的影响。而像你们这样的培训机构班级人数极少，教师的影响力就成为一个决定性的因素。"

"那么，影响力的构成要素是什么？"小鲁问。

我想了想说："影响力有正面与负面之分，我们讨论的是正面的影响力。从我的经验来看，教师的影响力主要分三种类型。

"第一是兴趣激发。有人分析'为什么嗑瓜子可以嗑很久，工作学习却不可以'。得出的结论是：人做事情都需要有个反馈，反馈的周期越长，感觉做起来就越困难。假如让一个人嗑瓜子，只嗑不吃，嗑一小时后将瓜子仁一次吃完，大多数人都会觉得无趣。因此，可以将一个大任务分解成若干难度不大的小任务，每个小任务完成后都能够得到反馈，积累起来，就可以取得了不起的成就。

"驯兽员是对这一技巧掌握得最好的人群。在训练时，他们总是随身带着食物，只要动物的动作做到位，立刻奖励。那些马戏团的动物能面向观众表演高难度的动作，都是这样训练出来的。这是行为主义理论的观点，今天，行为主义的理论依然对教育产生巨大影响。降低难度，让学生体验成功，收获自信，累积小技能，最终掌握大技能，都是行为主义的思路。

"对教师的要求是，学科知识体系需烂熟于胸，并且能够进行有效的设计，将难度分解，分步落实。许多所谓的中考高考名师大多具备这种能力。

"第二是情感浸润。基础教育阶段教师面对的皆是未成年人，他们思想不成熟，情绪波动大。他们有时候理性，但更多的时候感性。在这个阶段，教师需要跟他们讲道理，但更重要的是情感上有沟通。学生在情感上接受了教师，也就接受了教师的知识灌输与价值植入。正所谓，'亲其师，信其道'。

"为什么即使年轻教师缺乏经验，知识体系也不如老教师完备，学生却更喜欢年轻教师？因为他们有亲和力。年轻教师在情感上与学生更为亲近，更好沟通。学生愿意把心里话向教师倾诉，便是对教师打开了心扉。而当学生关闭心门时，所有的教育技巧都是无效的。

"对教师的要求是，提升亲和力，努力让自己受到学生的欢迎、喜爱。有时候，即便只是做学生的听众，一言不发，也会对学生产生影响。

"第三是专业引领。学生在基础教育阶段如果能够遇到大师级的教师，绝对是幸运的事。大师级的教师能将学生带入知识的殿堂，让学生体会知识本身的乐趣，同时，为学生树立人格标杆。

"学校里最优秀的学生对教师最挑剔，他们最看重的教师品质就是专业过硬。依靠学术建立的权威，会有很强的说服力，所谓'高山仰止，景行行止'。

"对教师的要求是，提高专业的深度与广度，坚定终身学习的信念。"

小鲁拿出笔记本，将我讲的这三点记录了下来。末了，她托腮沉思，问我："这些品质可以后天培养吗？"

"当然可以了！"我回答得很坚定，"只要努力，这三方面皆可以后天得以提升。当然，不可否认，天赋也很重要，例如，有些人天然具有亲和力，或者形象甜美，招学生喜欢；而有些人则长得比较严肃，让学生敬畏，比如我自己。有一天我意识到这个问题，就开始刻意训练自己，一见到学生就微笑。现在，我的微笑自然多了，我在学生的眼里也更有亲和力了。"

"我明白了，"小鲁向我伸出大拇指，"教师的评价应关注其对学生的作用，集中体现在教师的影响力上。谢谢您的分享！"

其实，我也很感谢小鲁，正是她高质量的发问，让我有深度的思考与提炼，并完成思想的升华。

2015 年 4 月 1 日

如何报怨

开车的时候，是很容易生气的。

有时候你赶时间，前面一辆车却龟速行驶，眼见着绿灯变黄灯，它却一加速，过去了，把你留在路口，气得想骂娘。

遇上这种事，生气是正常的。但是对方可能很无辜，他可能不认识路，或者在接听车载电话，或者是个新手，或者是个女司机，天生就开车慢。更重要的是，你很生气，对方可能根本就不知道。他已经走了，而且不会再遇见你。

我承认我也干过这种事，有一次开车到一个陌生的地方，临近一个路口，不确定是直行还是右转，便在直行车道上放慢了速度，后面一辆车明显被我挡住了，又是闪灯又是按喇叭。末了，路口绿灯变红灯，我却方向灯一打，右转弯闪人了。

己所不欲，勿施于人。虽是偶尔为之，我还是有愧疚的。那一闪念之间的右转，也是心虚的表现。然而有些时候，你会遇到毫不心虚之人。有一次上高架，进入匝道，要变入正道。按照正常的规则，两根车道并成一根车道，车辆应当依次并入。在让了对方车道上两辆车之后，见后面的车还没有让我的意思，我便猛一踩油门，想强行并入，不料那辆车竟以更快的速度超过我，抢占了有利地形。如此霸道开车之人并不常见，然而一旦遇到，还是退避三舍为宜。否则一旦开斗气车，必定两败俱伤。

我不是软弱之人。有时候遇到开车过分之人，我生气之余，马上生起报复的冲动。如果过了一会儿那车不幸开到我后面去了，我会故意放慢速度，压他几秒钟也是有过的。记得十多年前，我特别信奉"以其人之道，还治其人之身"的理论，碰到过分的人与事，总想着请君入瓮，让对方也尝尝过分的味道。现在回想起来，这叫以怨报怨。还好那时候没开车，否则早晚会出事的。

这个世界上不合理的事有很多，若落到自己身上，如何对待还真是一门学问。有一次参加一个论坛活动，主持人现场采访一个初中女孩儿，她有两个弟弟，一个三岁，一个五岁。女孩儿坦言小孩子"真的很烦"。主持人问她，如果弟弟做很过分的事情怎么办，她说："让着他们呗。"主持人问为什么，她不假思索地说，古人说要以德报怨嘛。

大家听了情不自禁地为她鼓掌，我却在心里想，这孩子生性善良，但那些鼓掌的人未必都是这么做的。真遇到不开心的事情，如何报怨还很难说。

儒家倡导的其实是"以直报怨"。所谓杀人偿命，欠债还钱，没有以德报怨这一说。否则，"何以报德"？这是孔子很有名的一问。

如果说，以直报怨是入世的态度，以德报怨便是出世的情怀。以怨报怨的人我见过太多，而且多半是"冤冤相报何时了"。我后来仔细分析自己究竟是什么态度，发现这三种竟然同时存在。在内心深处一直有以怨报怨的原始冲动，而道德良知提醒我要以德报怨，如果涉及的不是我个人，而是我担负的工作，包含更多人的利益，我通常选择的又是以直报怨。

怨气最早从哪里来，是一个谜。有些人，从你认识他开始，就发现他有无穷无尽的怨气。用什么方法对待他，才能消解他的怨气？我想来想去，大概还是以德报怨好一点儿。起码，在把你看作亲密朋友的时候，他不会表现出那么多负能量。

我现在开车的时候，已经能更多地照顾后面车的感受。早晨在路口，最右边的车道可直行可右转，面对红灯，我果断选择从右边车道变到左边，停在两辆车的后边，看着原来紧跟在我后面打出转弯信号右转而去的车辆，我想，他应该会感激我吧。

虽然，就是这辆车，在上一个路口，强行加塞未果之后，还凶狠地用远光灯闪我。

2015 年 5 月 11 日

心的力量

　　偶然看到一组漫画，有两幅图，都是一个人与两个柱状物的组合。在第一幅图里，离人较近的柱状物代表的是"困难"，较远的柱状物代表的是"目标"，"困难"小，"目标"大，但是由于视角的关系，"目标"被"困难"挡住了，人看不到"目标"。第二幅图正相反，"目标"在前面，"困难"在后面，"目标"小，"困难"大，但是人只看到"目标"，看不到"困难"。漫画的标题叫作"心在哪里，结果就在哪里"。

　　我心有感触，想起这些年自己的经历。职业生涯早期我既当数学教师，又做班主任，数学教得不错，班主任却做得不成功。于是集中精力研究怎么做班主任，后来竟然成了班主任领域的"专家"，出版了好几本关于班主任的专著。相比而言，在数学教学方面倒没有什么大的建树。在连续积累了16年国内课程的教学与管理经验后，突然被安排进入高中国际课程领域。聚焦三年，对国际课程有了初步认识，对中西教育比较有了一些心得，常常出席一些论坛发表见解，还被别人认为颇有一些见地。这正是"心在哪里，结果就在哪里"啊！

　　佛说："制心一处，无事不办。"心在的地方，汇聚的是能量。就好像建一座房子，所有的资源汇集过来，房子自然就建成了。这些年我教过很多学生，见过很多有专长的人，有军事迷，有历史迷，有能分辨出世界上每一个国家的国旗的，有对中医有深刻理解的，甚至还有人痴迷于地铁——上海的每一条地铁线，他都如数家珍。这些孩子在这些方面的能力并不是老师教的，而是他们自己兴趣聚焦的结果。

　　有时候我碰到一些困惑，长久不能解决，于是苦苦思索。外出学习时，听到相关理论，便不自觉拿来对照一下我的困惑，常常是有心栽花花不开，无心插柳柳成荫。苦苦寻觅答案未果，别人嘴里或某本书上不经意间的一句话语，却让我醍醐灌顶，豁然开朗。这也是心的力量吧。

心的力量很强大，如果我们真想做一件事，这件事做不成功也很难。更多的时候，其实是我们不够渴望。渴望，是多么重要的一个品质啊。所谓立志、兴趣、好奇、目标，这些既是教育学意义又是人生意义上的概念，本质上都是一种心的渴望。若渴望程度足够，答案自然会涌现。

中国文化更为强调的是"静心"，心静下来，就能看到、听到、感受到很多东西。我读过一本有关人生修炼的书，书中提到有一种练习，是在野外，学会闭上眼睛聆听自然界的声音，听鸟鸣、风起，听一片树叶飘然而落，一只蝴蝶振翅而飞。这些声音都能听到吗？我承认我是醉了。那不是耳朵在聆听，那是心在聆听。

静心之后，会看到更多世界的真相，会看到更多真实的自我。解决问题的根源都在我们的内心深处。我们求之于人，可是寻求的还是与自我的一种连接，最后触碰到的，还是自己内心的机关。它们就在那里，如果连蝴蝶振翅的声音都能听到，心底深处的秘密又怎能不被洞察？

心的力量不仅改变自己，也能改变他人。譬如邻人偷斧，我若怀疑他人，那人处处可疑，而斧头找到之后，那人又处处不可疑。为何教人向善，乃是因为当我们以善心待人时，看到的皆是这世界的善。我们关注了善，善也就无处不在。反之，如果关注恶，恶就遍地开花。

每一个人身上都有善恶，每一个人都有优缺点。当我环顾身边的亲友、同事，如果满眼皆是他们的弱点，我便寸步难行，如果呈现的是每个人的美好，世界也便美好起来。

净空法师说，遇到什么障碍，把心集中一处，问题就解决了。真的诚心正意，又哪里有什么障碍呢？处处都是生机。

2015 年 5 月 19 日

阴胜于阳

年轻的班主任小王向我请教一个问题：做班主任进取一些好，还是平和一些好？他说本来他是很进取的，也觉得这根本不是一个问题，可是最近读到一个故事，他就犯晕了。

这个故事在网上流传甚广，叫作"两个老师的较量"。故事中讲某省级重点高中的中年教师黄老师和青年教师文老师同时带毕业班，黄老师对学生和风细雨，讲人文关怀，文老师则对学生冷酷无情，崇尚丛林法则。高考结束时，两个老师的较量以文老师大获全胜而告终。学生毕业 11 年后举办同学聚会，文老师的学生明显比黄老师的学生更有成就。然而，又过了 5 年，再举办同学聚会时，形势发生逆转，文老师的班上有两个学生因为触犯刑律进了监狱，还有一名学生精神分裂，而黄老师班上的学生却后劲十足，且始终充满正气。故事至此结束。

我被问住了。故事的主旨明显是说不要急功近利，只顾眼前得失，而要将眼光放长远，顺其自然。可是，如果鼓励老师们都向黄老师学习，学生的成绩势必显著下降，就像故事里的高考结果一样，这个后果难道是学校能够承受的吗？

我说："王老师，你这个问题问得好啊，你再好好琢磨一个晚上，如果明天还是想不通，我再跟你分析。"

当晚，我约老王出来吃晚饭。

老王是我认识多年的一位老朋友，学贯中西，近些年钻研佛法，近乎悟道。遇到困惑的事情，或者有了一些人生的心得体会，我总要找他聊聊。

见面之后，我先问老王佛法研究得如何。老王说："佛法精深啊，我算是小有心得。人生是苦，佛法的要义是'离苦得乐'，此岸是苦，彼岸是乐。"

"那此岸与彼岸之间是什么？"我问。

"海啊，"老王说，"海就是心，被称为心海。海如果是风平浪静的，那就好渡，如果总是惊涛骇浪，渡船就会翻。"

"那浪是什么？"我问。

"好问题！"老王冲我竖起大拇指，"浪是心的外在表现，也就是情绪。浪越大，情绪的控制力就越差。心修炼到最后的境界是平滑如镜。镜子是什么？你照它就有，你不照，空空如也。"

老王的话是充满玄机的，听起来直白，实则深不可测。

我把小王老师的问题说了出来。

老王笑了起来，"巧了，"他说，"你这个问题，我常用来测试我身边修炼的朋友的境界。你知道在我们培训界，什么样的人都有，搞催眠的，研究身心灵的，练瑜伽的，练太极的，学《易经》的，林林总总，五花八门。有一天，我就问一位练瑜伽的朋友，我们一方面谈目标、计划、执行，另一方面又希望顺其自然，怎么理解？那位朋友想了一下，说：'我觉得吧，谈目标、计划、执行，那是在用脑思考，而如果我们静下心来，聆听心的声音，听到的是，还是顺其自然吧。'"

我专注地看着老王，听他继续讲。

"我用同样的问题问一位进化教练，他的回答是：'前者对事，后者对人。对事要执着，对人嘛，还是随性一点儿。'

"后来，我又去问一位《易经》大师。《易经》大师说：'我也说不好，不过，按我的理解，这就是阴阳的平衡啊。'"老王说。

"哦？"我吃了一惊，"阴阳平衡？"

"是啊，目标、计划、执行，皆属于阳；顺其自然，就是阴了。有阳就有阴，阴阳需平衡。阴比阳厉害。"老王说。

"为什么？"我问。

"男人征服世界，女人征服男人。"老王回答，"现在的互联网思维，就是一种'阴性思维'。而之前的工业时代的思维，就是一种'阳性思维'。"

我想起了黄老师与文老师的故事，心想果然是阴胜于阳啊。

第二天，我又见到小王，我问他："你昨晚琢磨得怎么样？"

小王不好意思地摸摸脑袋，说："还请万校长指教。"

我伸出一只手，先给他看手掌，再给他看手背，随后捏成一个拳头。

小王恍然大悟说："翻手为云，覆手为雨，进取也好，平和也好，互为表里，就在一念间。"

我点点头说："有悟性！的确就在一念间。掌心是平和，掌背是进取，捏成拳头打出去的是手背，不过决定长远的还是掌心啊。你这么年轻，应该有进取的姿态，然而最终需要修炼的，还是一颗平和的心。"

2015 年 6 月 21 日

连　接

与 Q 老师的合同还有一年到期，学校领导找他谈话，指出他的问题，并暗示一年后可能不与其续约。

Q 老师脾气温柔，为人谦逊，大家都觉得他是好人，但在一所民办学校生存，更多的是依靠专业能力，Q 老师在这方面就不尽如人意了。

Q 老师觉得自己专业水平不差，他从一所著名的 985 高校毕业，做学生时也很勤奋，常拿奖学金，为此，Q 老师甚至还有一点儿小骄傲。然而，自己学是一回事，教别人是另一回事。一名好的教练员可能曾是一名蹩脚的运动员，而一名优秀的运动员做了教练可能执教水平很糟糕。Q 老师不幸就是后者。

Q 老师似乎天生就不知道该怎么教学生，他常常沉浸在自己的世界里，讲了一节课，大多数学生都听得云里雾里。学校曾安排一位有经验的教师带教他，他表面顺从，内心却不认可。带教老师第二次听他的课，依旧如故。

本着爱才惜才的态度，学校领导对 Q 老师给予了足够的耐心与宽容，最终却失望透顶。在中国传统教育的体系里，Q 老师曾经是一个专业非常优秀的学生，但是他似乎永远不知道怎么样成为一名好教师。他天生缺乏优秀教师的基因，这个基因叫作指导力。

Q 老师以为学科能力就是一切，他自己热衷于做题，讲课时总是高屋建瓴，且不由自主地越讲越难，全然不顾学生的反应，学生的考试成绩惨不忍睹。他不能理解的是，对一名教师而言，指导力比学科能力更重要。

指导力有许多表现形式，如组织管理能力，吸引注意的能力，激励能力，因材施教的能力等。但本质上，我认为是建立与学生的连接的能力。学生为什么能从教师这里学到东西，是因为教师与他们建立了连接。

一名新教师进课堂，在不认识学生的情况下，最需要做的是连接。例如，开场白先简单介绍自己，无论是幽默自嘲，还是自夸炫耀，只要能引起反馈，都是好的暖场。比较稳妥的做法是，找一个与学生的共同点，就好比在他乡遇到一个陌生人，突然发现是老乡，于是迅速拉近距离。

我自己不太擅长的方式是知性的叙说，像柴静那般，娓娓道来，使他人迅速在情感上产生共鸣。我喜欢使用的方式，是讲一两个笑话活跃气氛；或者在讲课的间隙，做一个停顿，目光快速扫过全场，与听众做一个眼神的连接。有时，我也会以一个问题开场，问题必须有趣，听起来不复杂但值得探索，然后将听者的思维连接到我要讲的内容上来。建构主义强调新旧知识的连接，可见不仅仅人与人，知识与知识之间也不应该是孤立的。

Q老师在连接方法上有一个致命的错误，那就是他很少主动在课后与学生接触。他内向而害羞，不善于交往，由此，丧失了重要的与学生建立连接的机会。

一名教师若能够放下尊严，在学生面前展示自己的个性，倾泻自己的情感，很容易与学生建立长久的连接。前提是，教师具有较强的控制自我情绪的能力。他可以大笑，可以大哭，可以狂喜，也可以狂怒，但是不失控，不失态，生动洒脱又戛然而止。这样的老师无疑具有个人魅力，通过这种个人魅力与学生建立的连接会持续若干年，学生毕业多年依然会印象深刻。

与某一个学生建立连接的方法更简单，就是持续地关注、欣赏、鼓励与支持。没有人会抗拒这种力量，士为知己者死，所有的人都有报答知遇之恩的冲动。

人生有三件事最重要：旅游、阅读与发呆。旅游是与社会及世界建立连接，别人待腻的地方对我来说却是那么新鲜。世界之大，无奇不有，如果能做一些功课，建立一些与历史文化有关的连接，则收获更大。阅读是与他人建立连接。我们读的不是书，而是故事，是思想，是人，通过阅读，我们与古往今来的人交往，在某一刻有醍醐灌顶的感觉，那是跨越时空与作者实现了连接。发呆则是与自己建立连接。别人以为发呆看的是风景，发呆的人真正看的是内在，独处，静修，放空心灵，在心灵深处与自我连接。

互联网的本质也是连接。在不相干的事物间建立连接，便是创新。由是观之，我们的应试教育所摧残的，其实是学生建立连接的能力。当需要创意时，只能蹩脚地模仿，复制，抄袭。

"如果没有与学生的连接，则任何知识传授均毫无意义。"这是近期在微信上流传的一位美国教师的演讲语录。我要说的是，如果没有与世界、他人、自我的连接，则人生无意义。

2015 年 6 月 28 日

尘埃的执迷

三伏之日，我约了老王来喝茶。

我有些想法要和老王交流。这两年，每当我有了些人生心得，总要听听老王的意见。老王不是凡人，他在外企工作多年，后来转行做培训。我认识他时，他正在国内一所顶尖大学读在职的哲学博士。一般人都扎堆去读工商管理硕士（MBA）、高级管理人员工商管理硕士（EMBA）之类的，光看这点老王就卓尔不群。老王对传统文化有很深入的研究，《易经》、风水在他眼里都是小术。我是俗人，有一次换手机号码还忍不住让他帮我算一算。

老王最擅长的是时空观。这次，他跟我说起方和圆。他说圆就是空间，方就是时间。又说，无就是 0，有就是 1。无就是无，有就是有，不可能无中生有。我听了颇有些云里雾里。

我跟老王汇报的是我这些年领悟的做教师的五重境界，分别是教知识、教方法、教状态、教人生和教自己。老王十分赞赏，然后伸出胳膊给我看，说："我汗毛都竖起来了，这说明我在心灵的层面跟你有了感应和共鸣。"

我定睛细看，可不是吗？一根根纤细的汗毛，像是触电一样，直立着，有看惊悚片的感觉。

我敬佩地说："你境界高，连汗毛都能竖起来。"

老王笑笑，接着说："终就是始，你到了五楼，很快又会回到一楼。"

我反问："怎么知道五楼就是终点呢？"

"问得好。有可能还有六楼七楼，但是你一定还会回到一楼，会有似曾相识的感觉。"老王说。

我说："也许是看的角度不同吧。就好像一个竖着的弹簧，从正上方看可能一直在做圆周的运动，从侧面看其实是螺旋式上升。"

老王点点头说："终即是始的意思是说，人生就是一个圆。你知道六祖慧能的故事吗？"

我点点头，说："这么经典的故事，怎么可能不知道？当年五祖弘忍为寻找接班人，命各弟子作偈语一首。大弟子神秀当仁不让，在墙上写出：身是菩提树，心如明镜台。时时勤拂拭，勿使惹尘埃。

"小和尚慧能也在寺中修行，他不识字，口授，请别人在旁边另写了一首：菩提本无树，明镜亦非台。本来无一物，何处惹尘埃。

"不要说五祖弘忍，我们这些凡夫也能立马见出高下之分。于是弘忍传衣钵给慧能，是为六祖。"

"慧能写的偈语的确比神秀高明，可是我一直觉得，它一定不是最高的境界。"老王说。

一语惊醒梦中人。我脑中灵光一闪，说道："是啊，最后一句，我一直觉得有点儿问题，今天听你一说，彻底明白了。"

"噢？"老王问。

我说："你想啊，我们每个人都来自宇宙，都是一粒尘埃，怎么会嫌弃别人是尘埃？佛家一直讲众生平等，要去除分别心，所谓'佛光照大千'，所以最后三个字'惹尘埃'其实是有问题的。不如改成：菩提本无树，明镜亦非台。本来无一物，宇宙一尘埃。"

老王若有所思，说："你看，你马上就找到了一个角度来升华。所以说终就是始，你以为结束了，其实才刚刚开始。"

我庆幸，人生中能遇到老王这样的精神导师。

人生一世，除死无大事，而死，是最终的归宿，就如同流浪的孩子，终要回家一般。

我来自偶然，像一颗尘土。可是……

我与尘埃有区别吗？没有区别吗？宇宙中有尘埃吗？没有尘埃吗？既有又没有吗？

有和没有又有什么区别？

我的脑子一片混沌，只知道"本来无一物，宇宙一尘埃"也不是最高的境界。那种你认为的最高的境界，用文字表达出来的那一刻就已经俗了，狭隘了，偏颇了。

就如同，你以为你不执迷不悟了，可是，你有这个想法，作出这个结论，你还是执迷不悟。

盛夏时节，朋友中许多都在旅游的路上，我还是喜欢一个人在家里静处。我的心在旅行，心灵的旅行才是真正的旅行。

这是一个既可疑又不可疑、既非可疑又非不可疑的论断。还是不说了，自己慢慢觉悟吧。

2014 年 8 月 24 日

后 记

　　此书出版前夕，正是我所工作的上海市平和双语学校建校二十周年之时，全校沉浸在校庆的欢乐氛围中。回想二十年前，我刚刚大学毕业，来到这片位于城乡结合处的土地上，学校的整体建筑尚未建造，校门口对面就是一片农田。我义无反顾地留下来，并且一直坚守到现在，从教师成长为校长，从教育的菜鸟成长为教育的行者，从教书匠成长为教育者。

　　二十年，弹指一挥间，对一所学校来说，正是青春年少、风华正茂的时候；对一名职场人士来说，正是经验丰富、年富力强的时候；对一名教育者来说，则才刚刚入门。成功？我才刚上路呢。

万　玮

2016 年 10 月